大展好書　好書大展
品嘗好書　冠群可期

大展好書　好書大展
品嘗好書　冠群可期

形意大成拳系列 11

華岳心意六合八法拳

張長信／著

大展出版社有限公司

張長信（1902—1990年）

長信師兄遺作重版誌賀

各地武術皆有風格特點參合融化同出一

宗不可僅以剛柔緩急而判定是非夫拳之為術

萬法分流歸宗大海其理皆一非至誠不能達理

所謂心正而意誠意誠可以通神明也

吳英華錄宗師說言

丁酉年仲春

吳翼翬之子、六合八法國際聯盟主席吳英華賀詞

序　一

　　本人自幼愛好武術，對各種拳術都抱有濃厚興趣。待年紀稍長後開始專注學習王薌齋宗師所創立的意拳（大成拳），因王薌老和六合八法宗師吳翼翬是好友，大家對拳學的見解有很多共同之處，不少王薌老在上海期間的學生亦同修六合八法拳，因此我能從前輩的言傳身教中對華岳心意六合八法拳有一點點認識。

　　本書作者張長信先生是王薌老在上海期間的「四大弟子」之一，亦是吳翼翬先生華岳心意六合八法拳的大弟子，是當時社會公認的傑出武術家。

張長信之子張小元(右)、弟子陳靖(左)與霍震寰(中)，2008年

　　此拳以「心意六合八法」命名。心意，即以意念精神，統領全身動作；六合，即體合於心、心合於意、意合於氣、氣合於神、神合於動、動合於空；八法，即氣、骨、形、隨、提、還、勒、伏。此拳合乎健康養生的目的，更是邁向高級武術水準的階梯。

　　中華武術博大精深，是非常珍貴的民族文化寶庫，很高興目前有不少有志之士，為傳承和發揚中華武術而不懈努力。

香港霍英東集團行政總裁
香港武術聯合會會長　霍震寰
亞洲武術聯合會主席

華岳心意六合八法拳源遠流長，是我國武學史上罕有的
精緻成熟的拳種之一，至今仍有著強大的生命力。先父遺著
《華岳心意六合八法拳》就是要把這一珍貴的拳種不變形、
不走樣地留傳於世上。

先父成名於20世紀20年代。當時比武風氣盛行，名氣
是要憑真功夫打出來的。先父閱拳無數，至晚年卻獨鍾愛心
意六合八法拳。在物質極其匱乏的年代，先父仍傾注心力，
認真嚴謹地拍下一張又一張拳照，為後學留下珍貴的視像楷

張長信家人合影，左
起：高愛貞（張長信之
妻）、張曉華（張長信之
子、張小元之兄）、張小
元、張長信。1954年拍
攝於上海

模。從中亦可見此拳在他老人家心中的獨特地位，也可見老人家對此拳的珍惜之情。因為這些拳照，我每次練拳時，父親的神采便躍然於眼前，練拳也成為我向他老人家的致敬與緬懷。

　　書中的拳譜歌訣，是數代前人的智慧結晶，也是他們在拳道追求上達到的境界而留下的里程標記。從這些拳譜歌訣中，後學得以窺見心意六合八法拳的深度，讓人感到言有盡而意無窮，上乘功夫能從有形的招式動作導入無形的內功領域。而這些拳譜歌訣，既有招式動作的要點，也有無形內功的引導。只有當你自己功夫練上去，才發現前人早已「到此一遊」，從而確定所行所練的拳道正路。盼有緣人能從中有所感應啟發。

　　張長信家人合影，左起：高愛貞、張長信、張小元、張長海（張長信之弟）。1961年拍攝於上海

　　《華岳心意六合八法拳》自1990年在香港出版後，一直備受海外拳友的重視，是研究這一拳種至今被引用的最為廣泛的權威著作。26年後的今天得以再版，對所有華岳心意六合八法拳的愛好者而言，無疑是一大喜訊。先父遺著得以和更廣大的讀者見面，其在天之靈，一定大感快慰。在此謹代表父親向所有令再版之事得以成真的各方好友，致以衷心的謝意！

　　　　　　　　　　本書作者張長信之子 張小元

張小元在上海蓬萊公園教授六合八法，2005年

張小元訪談錄

序 三

　　本書作者張長信大哥生於1902年，從小就喜愛武術，在1918年拜武林名拳師馬玉堂先生為啟蒙老師，得其真傳。那時所學是形意、八卦、太極等拳術，打下了深厚的武功基礎。

　　1928年3月24日在南京內橋金陵大舞臺召開中央國術館成立大會，並請全國著名武術家登臺表演，理事長由馮玉祥將軍擔任，館長一直由我父張之江擔任（1928—1948年之間）。

中央國術館館長
張之江絲織繡像，張
之江贈張長信

　　國術館成立之目的，在於發揚固有文化、增進全民健康、化除派系、整理教材、訓練師資、統一教學、研究改進、務求普及，以達明恥教職、自衛圖強的使命。簡言之，就是整理武術這一國粹，彙編成教材，上升到理論以傳諸後世，並培養師資，將各派專家之精華繼承並傳授下去，發揚尚武精神，達到強種救國的目的。

　　當時我父親提出來的口號是「強種救國」「禦侮圖存」。對國術館學生提出的要求是「術德並重，文武兼修」，稱為館訓。

　　長信大哥在1928年參加第一屆國考（即全國唯一的國術考試）名列第四名，家父對長信兄非常賞識，很快提拔長信兄為教師，入館後更與編審處處長吳翼翬叔叔往來密切，

1990年，在張之江之子張潤常先生（前排中）家中。
後排左起：張小元、王壽亭、譚錫和、陳靖

處處能得到翼翬叔叔教誨。

　　吳翼翬叔叔文學素養深厚，武功精深，精通六合八法（又叫「水拳」，也稱「先天三盤十二勢」），此拳相傳為後唐、北宋之間，道家隱士陳摶也就是陳希夷老先生所創。到了清朝道光年間由陳光第傳給了吳翼翬先生。

　　六合八法以心意為主，六合為體，八法為用，進行了千錘百煉的融洽選編，不斷地總結充實，達到完美無缺的程度。它不但具有太極拳的輕沉柔發巧妙變化，又有八卦掌步法移轉靈活多變的技巧，還有形意拳的整勁和渾厚雄壯的魄力，滲合融化成為一體。在中央國術館的課程中，「六合八法」列在選修課程，說明此種武術高深、難度大。凡內行者都知道拳術各有巧妙之處，但要把它練得精益求精，出類拔萃，絕不容易。

　　自吳翼翬叔與長信兄在上海的家遷至近鄰後，接觸機會愈多，他們朝夕相處傳授武藝。長信兄原本就有渾厚的武功，再加上翼翬叔的口授身傳，其「六合八法」拳術已達到爐火純青的水準，歸納起來彙編成教材，傳諸後世，這也是他秉承了家父創辦國術館的目的與要求。雖然僅一套「六合八法」，但這套拳術已含有太極、形意和八卦等拳術之優點與精華，可以說此書乃長信世兄為武術界總結所得的豐碩成果。

前中央國術館館長張之江長男　張潤常

1990 年

序 四

竊聞多難興邦，蓋有至理。有清一代，國勢積弱阽危，外則喪權辱國，內貽病夫之羞。民國肇造，霍元甲創精武體育會，振興國術，後之繼起者代有傳人，長江後浪，步武先賢。

20世紀20年代初，華岳心意六合八法拳名家吳翼翬載譽滬濱，嘗任南京中央國術館教務處長兼編審處主任，苟非德藝兼備，曷克臻此。六合八法拳傳自宋代有道之士陳希夷，擅技擊兼養氣之妙。溯自抗日軍興，後復內戰擾攘經

張小元（右）、陳靖（左）與吳翼翬之妻白書敏（中）合影，1985年

年，吳師門下流離四方，斯拳幾瀕湮沒絕響。

迨和平重光，吳師首徒張長信先生攘臂而起，規模又復宏觀。張先師聰敏過人，曩昔追隨吳師公習藝不間寒暑，數十年砥礪，盡得其傳。垂暮之年，雅不欲斯拳委棄塵土，遂將拳譜、套路、理論、心得、歷代秘傳匯輯成篇，期傳久遠。中華人民共和國體委及民間武術團體咸認斯拳為國寶，珍如拱璧。張師次公子張小元在上海任六合八法拳掌門，劉基升、劉仲福、倪明康、譚錫和、涂榮康等師兄襄理會務蒸蒸日上。

香港文物薈萃，人傑地靈，六合八法拳早歲由陳亦人、梁子鵬師叔挾技南傳，居功厥偉。智字輩譚兆生、盧桂耀、梁啟忠諸師叔承其餘緒發揚不遺餘力。不佞蒙張先師不棄，許以將該書編印出版。承蒙本門師兄弟方富匯等合力校閱審訂並加插珍貴圖片凡四百幀，此不世出之巨構方底於成，行將付梓，謹向編輯同仁致謝，復盼海內外達人不吝指正，謹綴蕪詞，藉示景仰云爾。

後學　陳靖序於香江
1990 年

目 錄

張長信史略

緒　言

　　中國武術，源遠流長，浩如煙海。千百年來，各門各派互爭雄長，非但門戶蓁嚴，陳規墨守，抑且套路繁複交相演變，不一而足，或稱少林、武當、雜家，或統稱內家、外家，鳳爪龍鱗，難求有緒。然則寓意強身健體，圖強禦侮，則殊途同歸，猶如百川匯海。

　　中國積弱，數千年來朝代更迭，民智鴻蒙未開，內憂外患交侵，生靈塗炭，誠屬國族最大之不幸。凡我國人，亟應奮起，健身強國，優之倡之，刻不容緩，有識之士，當不河漢斯言！

張長信學武淵源

　　近代之傑出武術家張長信（1902—1990年）先生，武技蜚聲國內，海外則較少人知，實因其人敦厚，沉默寡言，不求聞達。他籍隸河北新縣，出身寒微，幼年時父親為惡霸毆傷致死，兄弟三人在弱冠之年即投形意拳名家馬玉堂門下。

　　馬玉堂乃名震華北形意拳名師單刀李存義之高足，長信自投馬氏門，朝夕苦練浸潤，深得馬氏器重。十七歲時已能揣摩形意拳之精粹，五百斤重之石滾能單手豎之，站

三體式樁，上身前後能承受重拳猛擊，雙臂引氣時不畏牙齒噬咬。十九歲時能一口氣打形意崩拳八百下，與同輩交手，三五健者視若等閒。

斯時方擬為父報仇，其師善言開導：「習武當以健身強國為宗旨，尤以行俠仗義為先，不應計及私仇，冤冤相報無了期，今後應與武藝超群豪俠相結納，使

馬玉堂

形意拳日益發揚光大，出而協助大師兄朱國福兄弟光大上海武學會。」並為其闡釋1900年義和團抗禦外侮之種種可歌可泣義行。張聽後感激涕零，決意為形意拳爭光，為國人洒雪東亞病夫之恥。

加盟上海武學會

1915年，形意拳名師馬玉堂門下朱國福、朱國祿昆仲於上海首創「武學會」，助教中不乏頭角崢嶸、身手不凡之輩，例如朱國禎、朱國祥、張長信兄長張長義、張長海、史雲章、史佩文、田瑞芳、井山、王書田、馬元基、趙飛霞、趙雲霞、醫生蔡香春等。不久張長信也前來會合，濟濟多士，會務蒸蒸日上，此為該會之全盛時期。以教授形意拳為主，旁及彈腿、少林大小洪拳、燕青拳、通

背拳、羅漢拳、刀、槍、劍、棍，多不勝數。

平日常有武術界各門各派同道登門請求觀摩試技，多由張長信出而相陪過招。張以驚人內力震懾對方，使其知難而退，但從不挫敗傷人或自炫技高，其宅心仁厚可見一斑。

挫蘇俄大力士

1926年，菲律賓拳師綽號「軟牛」者，在上海南京路公開設擂臺比武，在臺上以橫幅布條大書：能擊敗他的賞銀五百大元，門票分五元、十元兩種。當時銀元價值不菲，雖然重賞之下必有勇夫，但是擾攘多日竟無人膽敢上臺挑戰。

事為張長信得知，便於某日化名張士良登臺與之較。孰知出臺應戰的卻是一位身重二百八十斤的蘇俄大力士——巨人思可洛夫，此彪形大漢體重拳精，應戰經驗極豐富，圖以巨鷹搏兔及快速猛攻的老練手法取勝。

張長信洞悉其詭計，便運用形意拳之猴、燕、馬形靈活多變的步法與敵人展開周旋，使敵拳盡數落空，更趁敵人回手之俄頃，佯以猛攻而雙手乏力之手法誘敵，擾亂敵人思路。在第五回合時，思可洛夫已汗流浹背，氣喘如牛。第六回合時，思可洛夫的身法步法更呈散亂無章，張長信此時看準時機，迅即以形意拳之黑虎掏心、野馬闖槽，雙拳猛擊其胸。

敵人雖然身軀龐大，不料要害中招不堪連環相擊，遂

頹然倒地，但是不旋踵便又就地爬起，勢如瘋虎迎面猛撲，張氏氣定神閑，又給他一個龍虎相交，拳腳並施之下，再次擊中其要害，敵人便再次倒地不起，飽嘗了形意拳的真正滋味，最後不得不由菲人「軟牛」出面，雙手捧出大洋六十元並答允立即拆去橫幅大字認輸，悄然離去。

在場的數百名觀眾掌聲雷動，叫好之聲不絕。此一擊敗蘇俄大力士之消息不脛而走，轟動京滬，傳為美談。當時由靜安寺通往外灘的一路電車上，張師大敗蘇俄大力士的大幅畫像廣告，宣揚一個多月。

除此次擂臺比武之外，張長信還參加了1928年中央國術館在南京舉行的首屆國術國考，獲得中等；在1930年上海舉行的國術大賽中獲得第十名，成績斐然，實戰技擊經驗之豐富，在同輩中亦屬佼佼。

王薌齋、吳翼翬的得意弟子

王薌齋（1886—1963年），河北省深縣人。十四歲時投入大師郭雲深門下，深得形意拳十二椿功秘傳，朝夕苦練揣摩，功夫大進。弱冠之年，已成一代名師。嗣後遍訪高深造詣之武術同道，以形意拳為基礎，集各家之長，創編了獨樹一幟的大成拳椿

王薌齋

功，其武術造詣已達登峰造極之境。

在機緣巧合下，張長信獲得他的青睞，投入其門牆習藝。王師亦深慶收得一名技藝超群、出類拔萃的好徒弟，因愛其才，每月津貼他二十元作為零用，此舉已遠遠超出了師徒的關係。自此張長信朝夕勤修苦練，不間風雨，拳藝精進，被人喻為王氏徒眾中「四大金剛」之首，威名遠播。

吳翼翬（1887—1958年），東北鐵嶺人。出身書香世家，文學淵博，武功極深，是六合八法拳歷代相傳之健者陳光第、閻國興兩先生的入室弟子，為近代華岳心意六合八法門中的中心代表人物，身懷絕技而不為人知，亦不求人知。王薌齋常推許吳氏為武術界之泰山北斗，可知其拳藝之造詣深不可測。當日南京中央國術館長張之江慕其高義，武術超逸絕倫，遂禮聘其出任該館編審處主任及教務處長以示備極推崇。所謂六合八法是六合為體、八法為用、剛柔並濟、陰陽互應的高深拳學。

綜上所述，張長信先生在王、吳兩大宗師苦心孤詣傳授下，歷數十年浸潤，盡得其傳，王、吳兩宗師拳藝均有獨到之處，可以「雷霆萬鈞」之勢比喻之。張長信得彼兩人口傳身授，深悟攻守剛柔並用之法，陰陽五行相生相剋互應之機，深得形

吳翼翬

意、大成拳及六合八法合一之妙諦。晚近數年，張氏以八十餘歲高齡尚且精神矍鑠，步履矯健，其日常體現於「精、氣、神」三方面仍不減當年之勇，舉手投足間挾勁帶風，大有昔日擂臺上儼若天人之威武氣概。

張長信先生臨終前將其從師吳翼翬多年學拳之經驗、心得，並搜集吳師平日極珍貴之「片段札記」，窮其畢生之力編寫成之《華岳心意六合八法拳》，一招一式詳細解說，並過去條件所限未便公開之資料傾囊相授，實則發前人之未睹未聞，應屬不世出之巨構。

數十年來張師門下弟子逾萬，縱如今日國內國家級武術教授張文廣、溫敬銘、蔣浩泉等人皆從其學，前南京中央國術館館長張之江亦師事張長信習六合八法拳有年，並聘張長信出任國術館教官。

由於張長信門下弟子眾多，彼則因材施教，因習拳非

張長信於上海復興公園，1980年

比尋常，有天分而無恒心亦屬徒然，有恒心而無天分更難有成，必須兩者兼備方能登堂入室，得窺堂奧。因此，跟張師學藝的多數只能學到形意拳、八卦拳及搏擊散手，而六合八法拳則非其人不授，因為它的拳理深不可測，乃一真正之心意拳種。其所謂「心意」並非單指人的思想及行為，還互參了宇宙變化、陰陽、五行、八卦等契合之機，極富高深哲理，與其他拳種相較實難其論，是以張師曾追隨吳翼翬多年，鍥而不捨其故在此。

張師眾多弟子中能得到六合八法拳真髓者亦僅十餘人而已，如張師次公子張小元、劉基升、劉仲福、倪明康、譚錫和、方銘岳、韓錦春、趙龍發、陳靖等，其中之機緣殆有天焉。

張師非但武藝超群，待人亦謙恭儒雅，傳藝時既嚴格且富耐心，視徒兒如己出，其誨人不倦及任事一絲不苟的精神令人銘感終生。追懷一代武術大師之隕落，其流風餘韻將名垂千古。最後謹以「高山仰止，景行行止，雖不能至，而心嚮往之」作結，不禁擲筆三歎。

朱名山

華岳心意六合八法拳概述

源　流

中國武術起源的歷史是悠久的，其準確的源流年代難以稽核。廣大勞動人民則把武術作為強筋壯骨、增進健康的手段，並且透過武術鍛鍊來掌握格鬥技術。

武術運動擁有廣泛的群眾基礎，深為廣大人民所喜愛，是中華民族獨倡的一種技擊學。經過時代的變遷以及名家經驗的積累，拳種也自然增多。由於鍛鍊的方法、體會、見解互有異同，有的看重外形，有的長於內勁，有的純以剛用，有的則以柔勝，所以有了內外剛柔的區別，因而就形成了許多流派門戶。

這樣一來武術的內容也是豐富多彩的，它基本上包括了拳術、對練、器械三種形式和有關的輔助練習。拳術的類別很多，在我國廣大的農村和城市中到處都有具備特色的拳種，諸如長拳、太極拳、南拳、形意拳、劈掛拳、八卦、翻子拳、戳腳地躺、通背等拳種，大約至少也有幾十種之多，不勝枚舉。

事物的發展總是沿著一個極其普通的規律演變的，這個規律就是由易到難、由簡到繁、由低級到高級、由一般到微妙。華岳心意六合八法拳的演變進程，當然和其他的拳種一樣毫無例外，也是遵照著這個道理演變而來的一種古老的拳種，是經過不斷的總結，去粗留精，充實提高，逐漸臻於現在的完善階段。

　　華岳心意六合八法拳相傳為後唐、北宋之間，道家隱士陳摶所創造的。

　　陳希夷，原名陳摶，字圖南，號扶搖子，是亳州真源人。生於五代後唐時期，幼年好學，讀經書諸子百家的言論，記憶力強盛過人，以作詩而出名。到後唐中興時，舉進士不第，遂不求仕祿，以遊山玩水為樂趣。最初隱居在武當山九室岩，重習老子、莊子的玄學，擅長玄門吐納、導引術，精心研究《易經》的道理，傳說中所謂「河圖洛書」就是他發現的，後移居於華山的雲台觀中，是道統中興人物，後來的玄學家受其影響極為深刻。其時宋太祖便衣遊覽蓮華峰與之相遇，賜號希夷先生。

　　由於他熟讀經史博覽群籍，富有獨特的見解，著有「指玄篇」「高陽集」「釣潭集」「心意六合八法」「二十四節氣導引法」等養生健身、祛病延年的書籍以傳後世。現在華山玉泉院的希夷祠有希夷先生臥像，就是世傳希夷先生睡功法相。

　　李東風為希夷門的衣缽繼承人，隱居於華山，研究華岳心意六合八法拳的「五字歌」（附後）。後傳授關傑、劉韻聲等人，使華岳心意六合八法拳流傳於河北、河南等地區。

　　宋道人元通起初練華岳心意六合八法拳，後來到華山學劍，武藝練成後，創造中條老姆派。由於選擇藝徒條件嚴格，所以繼傳不多，僅傳道人圓融，而圓融傳人也不廣泛，只傳陝西、四川區域內的葉、季兩姓。

　　咸陽魏村人王德威，練華岳心意六合八法拳，曾經將

此拳改名為「水拳」。

房山人楊景群，靠華岳心意六合八法拳來治病，改名叫「先天三盤十二勢」。

元、明兩個朝代以及清代前期的華岳心意六合八法拳宗的源流資料，業已遺散，難於考查。

到了清朝道光年間，有河北昌平黃花鎮人陳光第，好讀書，善武功，先後師從釋達遠（俗家名永善）、李蟬字參一（俗家名永年），學習華岳心意六合八法拳內外功法及大乘、小乘、玉川等劍術，幾年後功力大進，原來兩師同出一宗。陳光第以釋達遠衣缽與李參一功法參合一體，而臻精一域，清道光年間，名譽盛行。東北、四川、陝西、山西、河南、河北等地的技擊名手皆拜其為師，成為華岳心意六合八法拳的中興代表人物。

吳翼翬先生是遼寧鐵嶺人，滿族，原名養田，為陳光第、閻國興兩位先生的入室弟子，在華岳心意六合八法門中得到真傳，晚年教學於上海，從學者甚多，因而在蘇、浙、閩、粵等地方傳下來。

現將華岳心意六合八法拳流傳系統列下：

陳搏→李東風→{ 關　傑 / 劉韻聲 }→元明兩朝資料遺散→{ 釋達遠（永善）/ 李　蟬（永年）}

→陳光第→吳翼翬→張長信等人

總的來說，經歷了千百年傳留下來的華岳心意六合八法拳，經過前人的不斷努力、提煉、改編，並且吸取了太

極、八卦等拳種的優點和特長，揉合於自身而獨成一家。
此即華岳心意六合八法拳的真實演變過程。

華岳希夷門心意六合八法拳五字歌
——李東風先師寫於鹿邑隱山

心意本無法，有法是虛無，虛無得自然，無法不容恕。
放之彌六合，包羅小天地，釋家為圓覺，道家說無為。
有象求無象，不期自然至，要學心意功，先從八法起。
養我浩然氣，遍身皆彈力，見首不見尾，無象亦無意。
收放勿露形，鬆緊見自主，策應宜守默，不偏亦不倚。
視不能如能，生疏莫臨敵，動時把得固，一發未深入。
審機得其勢，乘勢擊與顧，剛在他力前，柔乘他力後。
彼忙我靜待，攻守任君鬥，步步占先機，時時要留意。
蓄力如弓圓，發勁似箭直，悟透陰陽理，剛柔互參就。
調息坎離交，上下中和氣，守默如臥禪，動似蟄龍起。
虛靈含有物，窈窈溟溟趣，忽隱又忽現，息息任自然。
避免敵重力，原來自我始，雙單可分明，陰陽見虛實。
虛引敵落空，欲收放更急，兩腿似弓彎，伸縮腰著力。
臂脊須圓抱，內外混元氣，息念要集神，彷彿臨大敵。
目光如流電，精神顧四隅，前四後占六，掌握三與七。
形動如浴水，若履雲霧霄，飄飄乎欲仙，浩浩乎清虛。
意動似懼虎，氣動如處子，犯者敵即仆，五總九節力。
欲學持有恆，升堂可入室，顯隱無與有，凝神尋真諦。
妙法有和合，離坐空虛寂，拳拳得服膺，道理極微細。

欲動似非動，靜中還有意，息念氣自平，默默守太虛。
元根築基法，蘊藏皆珠玉，說難也非難，看易亦非易。
有志事竟成，世間無難事，欲學果有誠，久恒與智慧。
華岳希夷門，力行最為貴，神意要集中，推動轉輪器。
一觸力即發，使敵難回避，欲鬆似非鬆，欲緊莫著力。
運使求均衡，迴旋循環氣，逢敵莫惶張，開闔收與放。
見形尋破綻，絲毫不相讓，腕肘肩胯膝，足踏手腳齊。
節節力貫中，處處無乘隙，呼吸細綿綿，升降緩而急。
得法可應變，有術方為奇，法術二而一，缺一不能立。
兩手輕輕起，曲伸無斷續，轉移有曲折，形似游龍戲。
縱橫與起伏，陰陽運行數，意動氣相隨，關節含蓄力。
舒筋活血脈，榮衛得適宜，一吸氣便提，氣氣可歸臍。
一提氣便咽，水火得相見，精研內外功，心虛腹要實。
率然取其勢，首尾不相離，奇正得相生，動靜隨心欲。
粗成五字訣，後學莫輕視。

心意六合八法歌訣

李東風

六合八法始於心，心意源頭神主之，
虛無自在靜中動，靜中養息調精氣，
精氣相交依日月，行工火候崙崑頂，
剛柔進退意相隨，趨動形骸無遲滯，
往來順逆煉陰陽，綿綿密密在胎息，
築基無欲養元神，學得此法永於生，

無拘無束得自然，我與乾坤為表裡，

欲知有象原無象，固守虛無過坎離。

簡　介

　　華岳心意六合八法拳又叫水拳，也有叫先天三盤十二勢，它的完整的拳名叫做華岳心意六合八法三盤十二勢拳。

　　華岳心意六合八法拳是以心意為主，六合為體，八法為用，內以養心性益氣，外以修形體健身，以意志為指導，不尚拙力，動作則以連貫、圓活、輕靈、沉穩為特徵，快慢相間，鬆緊相隨。運動時以腰為軸心，步隨腰動，不偏不倚，若虛若實。不露於外，鼓盪起伏，一氣呵成，直至拳終。它既有太極拳輕沉柔發的巧妙變化，又有八卦掌步法靈活多變的技巧，也有形意拳以整勁為核心的剛勁渾厚的魄力，滲合融化，形成一體，是神形清靈剛柔並濟的優良拳種。

　　其拳義深湛精微，動作敏捷應變，既能每勢單獨鍛鍊，又能幾勢聯合起來鍛鍊，也可以作為套路來演習，是獨立門戶、自成一家、具有特殊風格的內家拳種。

　　由於內家拳是以心意神氣為主宰的，是以心意為先導、形似神同、形神合一的拳種，因此，華岳心意六合八法拳不論在招式中如何變化萬千，縱橫進退，交錯騰挪，起伏分明，這些統統離不開一個共同的宗旨，就是以心意

導之，也就是說「用心意來引導動作」。所以在拳譜中有一段記錄說：心意為先，以剛勁內勁撓勁化勁為主導；姿勢為次，以架式招式手法步法相隨行。

華岳心意六合八法拳適於男女老少鍛鍊，有慢性病的人能起著祛邪治病的作用，沒有疾病的人能達到健身長壽的效果。透過華岳心意六合八法拳的鍛鍊，一般可以得到的功效有：調節中樞神經系統的活動；改善呼吸系統的功能；對消化系統起到調節的作用；使運動系統的筋骨舒暢、關節靈活，提升肌肉功能，從而增強體質。特別是對中老年人來說，有減少疾病、增長體質、延緩衰老、愉悅精神、延年益壽等效果。

華岳心意六合八法拳的拳理有的還很深奧，而且牽涉面廣泛，甚至還涉及有關哲學某些論點。例如：動與靜、虛與實、快與慢、鬆與緊、進與退、正與側、縱與橫、高與低、長與短、大與小、內與外、開與合、升與降、收與放、伸與縮、吞與吐、抑與揚、頓與挫、陰與陽、剛與柔……不一而足。這些充滿矛盾的道理，必須採用辯證的觀點來理解。若用佛家的術語來說，就是「禪語」，必須修道後而悟通。所謂「修道」就是在知識豐富和懂得很多道理的基礎上，透過實踐積累，再實踐，在實踐出真知的過程中來領會其中玄妙而淵深的道理。當然，這不是一朝一夕就能懂的，必須融會貫通，才能正確理解這些道理。又如還引涉到數學、物理領域，比如力學中的支點槓桿、引力合力、螺旋力、慣性力、速度、點線面、圓弧等理論，這裡就不再贅述了。

名詞解釋

什麼叫做「心意」

這裡所指的「心」，不是心臟，而是指人的大腦神經系統；這裡所指的「意」呢，則是指「思維」活動；「心意」用現代話來說就是指人的大腦思維活動。由於人類是處於複雜的社會環境裡，大腦無時無刻不在進行著複雜的思維活動，一念未息一念又起，永遠不會安定下來。

當然，假使人的大腦一點活動都沒有的話，生命還有什麼意義呢，更談不上人類的進步了。古語云「戶樞不蠹，流水不腐」，是有道理的。

但是「心意」的不斷活動會出現另外一個問題，即所謂極限的問題。如果人在一天24小時裡大腦一直不能安靜下來調節神經系統，就會超出限度，身體的健康也會受到危害，所以華岳心意六合八法拳特別強調「心意」鍛鍊的興奮與抑制。

其實，心與意都屬於人的精神活動，從醫學觀點上來看，人的精神活動是與人的內臟活動有關聯的，《黃帝內經素問·宣明五氣篇》裡面說：「心藏神，肺藏魄，脾藏意，肝藏魂，腎藏志。」其中特別注重心與脾的作用，認為心（大腦）是一身的主宰，脾（意）是後天的根本。

過去也有許多儒家、佛家、道家、醫學家和技擊家的

著作中，把「心意」的作用，提高到極其重要的地位。雖然說法各有不同，但是總的一條是一致的，就是要把「心意」安靜下來。所以學習本拳術時，首先要把思想集中起來。在拳譜中有這樣一句，摘錄如下：

【拳譜】

欲知拳中深奧理，精神貫注各磋磨。

什麼叫做「六合」

這裡的六合，指的是宇宙、天地的意思。古代人比喻人身體是一個小的天地，即道家經典中所謂「放之彌六合，包羅小天地」。

其他拳術的技擊家在練拳的方法上也有稱「六合」的，所指的是內三合與外三合。所謂「內三合」是指心與意合，意與氣合，氣與力合；所謂「外三合」是指肩與胯合、肘與膝合、手與足合。

在華岳心意六合八法拳裡，六合的含義是有所不同的，它是鍛鍊內部思維的主體，其內容是：體合於心，心合於意，意合於神，神合於氣，氣合於動，動合於空。其含義解釋如下：

體合於心：

是指人的身體須由大腦來控制，也就是軀體由大腦來主宰，聽從指揮，並且做到步調一致。

心合於意：

大腦所產生的意識、信念與思維必須保持一致。

意合於氣：

將「意念」集中起來，以意去引導氣，這時才能做到意到氣到，同時到達，使得氣血隨著「意」而運行。

氣合於神：

就是提起精神來，促使氣血在身體內隨著精神在鼓足的狀態下保持長久的運行。

神合於動：

在精神振奮的時候，身體能隨著精神相隨行動。

動合於空：

就是精神不受外界干擾、不分散的情況下，集中思想按照拳路的動作，連綿不斷地一口氣練習到結束。這裡的「空」，是指道家稱謂「虛無」或「無為」的意思，也就是靜默的外界無干擾的意思。

現將「六合」含義對照拳譜上的一段內容，摘錄如下：

【拳譜】

> 心與意為主，神與形相輔，
> 鍛鍊著重氣，功到自然通。

什麼叫做「八法」

【拳譜】

> 得法可應變，有術方為奇。

指學習拳術有著一定的方法和規律，應該循著拳理和實踐去運用，才能得到實學、實知和實用的內容。

華岳心意六合八法拳中的「八法」是指八種規律性的

運用法則，即氣、骨、形、隨、提、還、勒、伏。僅僅八個字，卻包括了許多內容，在拳譜中有這樣一段內容，摘錄如下：

【拳譜】

行氣集神，骨勁內斂，象形模仿，圓通策應。

頂拔虛空，往來返復，靜定守虛，隱現藏機。

行氣集神：

對應「八法」中的「氣」字，指行拳的時候，要集中精神，用意識來調度內氣的運用，通脈、疏經、活絡、行血。行氣以後，身體也就跟隨著動了。在集神以後，架式的使用隨心所欲，鬆緊自然。只有在神聚氣足的基礎上，才能使身體各部分形成一體，「一動無有不動，一靜無有不靜」，才能做到靜則有勢、動則有威、慢而不鬆、快而不亂、柔而不軟、剛而不僵。

骨勁內斂：

對應「八法」中的「骨」字，指在心意沉著的情況下，骨架要端整，勁力要內斂，做到勁從意發，以氣催勁，才能使得勁力充沛，不易僵滯。好像張弓待發之箭，其勁不可揣測，若發時瞬間盡舒，其勁大無窮。

象形模仿：

對應「八法」中的「形」字，指形不破體，仿效各種生物、靜物、描繪臆造的優美形象及其內在本能或特點，作為技擊上的應用。

目的是透過長時間鍛鍊和模仿，達到形同神似、形神合一的境界，招招有形，式式有象。

圓通策應：

對應「八法」中的「隨」字，指動作要圓活敏捷，反應迅速，鬆緊順逆，變化多端。在整個套路的練習過程中沒有停頓的地方，保持不斷勁，拳勢始終處在一式將盡一式隨生的狀態。

【拳譜】

動作隨腰來轉動，上下左右互相連。

瞻前顧後相呼應，圓潤通暢勁到梢。

頂拔虛空：

對應「八法」中的「提」字，指要做到虛領挺拔，尾閭正中，拳術服膺不失其中。目的是使頭頂挺拔而不僵直，練起拳來能一眼觀七方（前後左右上中下），氣勢磅礴，精神抖擻。

往來返復：

對應「八法」中的「還」字，指縱橫起伏交錯，時前時後，忽左忽右，四面八方，來去無跡，任意往返，無所不及，運按蓄發，做到恰到好處。

【拳譜】

神態自若靜如岳，湧盪神速如激浪。

步法輕巧要靈活，賽如騰雲駕霧勢。

靜定守虛：

對應「八法」中的「勒」字，指鎮定不躁，心無旁騖，隨機觀變，心定神凝，虛無自在，若虛若實，虛以引真，乘隙進取。

【拳譜】

拳術姿勢分左右，運行架式無重複。

快慢緩急分清處，從無間斷呆滯勁。

隱現藏機：

對應「八法」中的「伏」字，指忽隱忽現，變易無常，使人莫測，變幻無窮，無蹤可尋，無生機可乘，還要求做到如波浪起伏，一波未平一波又起，無休無止地進行著。前人王德威將華岳心意六合八法拳改名為「水拳」就是這個原因。

綜合上述，在拳譜上有這樣一段內容，摘錄如下：

【拳譜】

靜動相兼一定要，內外相合不可少。

虛實相互應機變，剛柔相濟輸不了。

從姿勢動作方面在拳譜上是這樣講的：

【拳譜】

開合升降，螺旋伸縮，用意指揮。

不使拙力，整勁內蓄，不露棱痕。

從運動情況方面在拳譜上是這樣講的：

【拳譜】

神態轉換不在形，動中求靜意引導。

雖然外形在形象，也要內靜在心意。

好似春蠶吐絲綿綿不斷，又如海濤奔流滔滔不絕。

什麼叫做「三盤」

三盤是用來表示拳術姿勢升降幅度高與低的範圍，在

拳譜上是這樣講的：

【拳譜】

上盤行走如追風，中盤動作如游龍。

下盤落地見真功，三盤練會是英雄。

【拳譜】

兩腿似弓彎，伸縮腰著力。

從架式的動作方面來講，運動如波浪起伏，有時走上勢，有時走中勢，有時走下勢，這種變化無定稱為三盤。這裡只說明拳術架式有著高與低的分別，但是並沒有說明三盤是怎樣劃分的。

為了便於鍛鍊方便，提供一個劃分三盤的標準方法，作為習練時的參考：以膝凹曲度作為衡量準則，上盤應在150°以上，中盤在120°～150°之間，下盤在90°～120°。不過這裡還要說明一下：人的身體是一個整體，有軀幹，有四肢，因此，高低的幅度不僅限於兩條腿的彎曲度上，行拳的過程中上肢也有高低伸曲的分別。

什麼叫做「十二勢」

十二勢乃是華岳心意六合八法拳術中的單項練習動作，每勢分為四法，左右皆能單獨操練，是鍛鍊身法、進退起伏、臨敵應變的基本功夫。每一姿勢皆有擊法，前後互應，左右相接，抽撤吸避，高有挑鑽，低有勾摟，縱橫閃展，子母相生，變化無窮。

【拳譜】

走避開合順，翻騰定化粘。

搬扣劈摟撐，截拿搠推纏。

以上拳譜的每個字都是技擊上的方法，十二勢是超不出這個範圍的。但是，十二勢是華岳心意六合八法拳的精粹，是一種鍛鍊身手進退、起伏應變的方法，也是武術中所講的攻守散手的基本動作，是以自然界中的十二種禽獸鱗蟲命名，因生物都具有保護自己生存的本能和固有特點，故作為借鑒或象徵來發揮技擊作用。現將十二勢的命名與技擊上身手法對照如下：

① 龍戰＝推掠　　　　　② 虎賁＝撲差（攏搓）
③ 鶴列＝攝引　　　　　④ 豹掌＝劈捉
⑤ 猿胘＝鞭擊（長擊）　⑥ 熊攀＝撐撥
⑦ 雁翼＝旋翻（換影）　⑧ 蛇行＝伸縮
⑨ 鷹拍＝挑打（鷂打）　⑩ 鸞趨＝纏繞（纏托）
⑪ 鵬搏＝翼抖　　　　　⑫ 麟盤＝扣鎖

從以上歸納可以看出，十二勢是以五禽五獸二爬蟲類的動作象形而命名的，其中龍、鸞、鵬、麟四種動物是從來沒有見過的，並不知道實際生存情況和本能特點，僅憑著書籍上的臆思描繪，怎麼才能模仿其真正的形象和特徵呢？這也給我們一個很大的啟發，就是不應該拘泥於名稱，而應該注重身手動作。

有關十二勢的練習方法，包括在本書的66個基本架式之中。例如「虎賁」，顧名思義，勇猛如老虎，以攏搓撲擊見長，所以在拳術的基本架式當中，凡是有攏搓形狀的動作就屬於「虎賁」類型的姿勢。其餘可以類推，不再一一舉列。十二勢在拳譜中有這樣一段內容，摘錄如下：

【拳譜】

轉換敏捷功純熟，靈活多變隨機動。

不要拘泥成章法，衝破墨守成規則。

什麼叫做「心意六合八法拳」

完整的拳名是「華岳心意六合八法三盤十二勢拳」，通常簡稱為心意六合八法拳或稱八法拳，是古老而稀少的優秀內家拳種。它以心意為主、六合為體、八法為用，內以養心益氣，外以形體健身，以意志為指導，不尚拙力，男女老幼都可以練習。

全架式名稱共有66個，它們的命名來源是天文中的日、月、星辰，地理上的山川景色，生活中的動靜器物，以及歷史上的成語、神話等。這些名稱都是從古到今一直流傳下來的，需要指出的是，在學習拳術結構的時候，要體驗其本能和特徵，對於傳統的命名要以辯證分析的態度來正確對待。

華岳心意六合八法拳在步法上分為兩種練法：即定步練法和活步練法。本書所介紹的內容是活步練法。

習練指導

準　備

首先，要樹立起「信心」。大家都不是「生而知之」的。做任何一件事情都要具有一定會做好或練好的信心，這樣才能取得成功，當然練習拳術也不能例外。

其次，要堅定「決心」。俗語說「有志者事竟成」，說明凡事只要有決心，就有希望成功。有了決心去練這套華岳心意六合八法拳，是一定能夠練好的。

再次，要有「耐心」。老子說：「合抱之木，生於毫末；九層之台，起於累土；千里之行，始於足下。」一定要防止急躁冒進，避免貪多無厭、急於求成。只要抱著認真誠懇、持之以恆的學拳態度不斷地學習，不斷地實踐，不斷地體會和認識，那麼自然能夠進步，收穫也會日積月累地豐富起來。

最後，要有「細心」。學習拳藝要循序漸進和寧少毋濫，要一個一個、一式一式地學。務使架式正確，其中的一舉手、一扭腰、一出步，以及角度、力點等都是有其道理的。急躁、冒進、揠苗助長都是不宜的，這些是在實用的技擊上不能做到得勢和得力的根本原因。我們練拳最起碼的目的是為了健身，所以在練功時要「留有餘地」，切勿超過了體力負荷去硬練蠻練，這樣做不利於身心強壯，反而影響身體健康。

除了以上的信心、決心、耐心和細心這「四心」之

外，還要仔細地多加體會以下拳譜的含義。

【拳譜】

　　　萬丈高樓平地起，心意基於混元椿。

　　　諸勁歸源腰間來，趾抓踵實腿髖撐。

這一段的含義是說，只要足趾抓、足跟實、腿和髖支撐的話，力就能產生，而各種勁，歸根結底是從身體的腰間產生的。

譬如高樓大廈是從平地上開始建築，空中樓閣是不存在的，而華岳心意六合八法拳的基礎是建立在混元椿法上。所以，先要練習站椿，再來練習拳藝，當然也可以交替進行，要做到內外兼修才能成功。

學練步驟

華岳心意六合八法拳是以心中意念為指導，六合的「靜」為體，八法的「動」為用。其基本功法分為兩種：有內靜功法，是靜中求動的方法；外動功法，是動中求靜的方法。

事實上，這兩種功法是一種運動的兩個方面，理想的方法是交替循環地來鍛鍊。可以先做內靜功法，後做外動功法，或是早晨做動功而晚間做靜功，或是隨著個人的具體條件來安排適當的時間去鍛鍊，不能強調千篇一律。既可以到樹林叢生而避風的室外去練，也可以在空氣流通的室內練。但是要防止吃得過飽時練功，那是有害無益的。

如果能堅持單項的靜功和動功練習，就能強健體質。若能動功和靜功交替練習的話，那麼對健身的作用就會格外顯著。

內靜功法的鍛鍊，是透過站樁、靜坐、臥睡等姿勢來進行的。其中常見的站樁形式有介字形、攜物形、分水形、抱球形、外撐內裏形（混元樁法），要求做到「靜則動、動則通、通則久、久則變化無窮」。《易經》上說：「寂然不動，感而遂通。」只要持久地用靜寂的方法去鍛鍊，對調和五臟六腑和強筋健骨會有出乎意料的收益。既能治癒或改善某些慢性病的症狀，又能使體力、精神格外充沛。

此書是從習拳著手，所以也就著重以外動功法的姿勢為主，因內靜功法難以詳細做介紹，為了使動靜兼修的人知道一些內靜功法，在這裡概略地介紹我的老師王薌齋先生有關內靜功法的部分資料，僅供參考：

欲知拳真髓，首由站樁起，切要情緒恰，心意融空間。
凝神聽細雨，真養浩然氣，守默對長空，內虛外正圓。
吐納通靈源，悉調勻長細，靈機自內變，鬆靜力如泥。
上有一線擊，下以木撐支，笑臥綿草地，悠然水中眠。
湖水蕩空舟，飄搖隨風飛，絕緣滌萬慮，念來爐火沿。
滿身空靈意，不容粘毫羽，勿忘勿助長，若有又若無。

以上是靜中求動的一些歌訣內容，當然難於全面。由於內靜功法的門戶極為廣泛，派別極多，各家理論觀點論述不同，難以概括統一起來。所以，不再贅述。

外動功法，分為66種架式。李東風的「五字歌」中說，「欲學心意功，先從八法起」，說明運動的基礎功夫就在八法中，集中意識，動中求靜，按照架式順序和動作法則，盡力去恒久鍛鍊，積累長久自然有所收穫。應當體會到勢勢須有意味，處處不受積滯；若雲龍飛行，隱現無定；如魚泳水中，任意往返；養成極為鬆圓靈活，然後才能做到極為敏捷迅速。

在習練時，以動為先，其中大小曲折各有定律，雖然不應該為方法規定所限制，但是毫無意義的輕舉妄動或者是矯揉造作的形態，是不足取的。

整套架式演習，必須一氣呵成，中間沒有間斷處。除了起勢和收勢之外，原來分為前後兩個段落，前段32個架式，後段34個架式。我的老師吳翼翬先生在傳授活步式華岳心意六合八法拳的時候，為了加強八法中「勒」字法（靜定守虛）的功法鍛鍊，多分了幾段動作，無關演習整體，同時又能使習者逐段記憶，便於掌握正確姿勢，因此，將原來前後兩段動作，每段再分兩小段，共計四小段：第一小段10個架式，第二小段22個架式，第三小段22個架式，第四小段12個架式。當練習純熟後，可以恢復原來前後兩段鍛鍊。

拳照說明

* 本書中的方向字句是指假定的方位，為了讓初學者

便於認清行拳位置，因此把方向假定下來，直至練習純熟後，無論場地如何，方向朝著任何一方可以不受限制。

本書圖片中，凡是身體面部向著前方都視為朝著南方，身體背後視為朝著北方，身體向左視為朝著西方，身體向右視為朝著東方。其餘的四隅則類推，茲將方向表示如下：

●全套拳照共有361張，其中有些動作的過渡姿勢或銜接處，不可能全部拍攝下來，僅取其中主要部分，對於如何連接，主要用文字來說明。

●拳照只能說明架式的大體動態，對於某些精細動作，既無法拍攝下來，又不可能寫得一清二楚，必須在學習的實踐中領會。

●拳照中有些動作方向是向背的，所以只是背影，不見面影，以致不能看到行拳的全部動態和姿勢。為了防止混淆全段過程，不擬另製拳照，以文字說明為主。

●每一架式的動作，無法一筆連貫書寫，只能按照動作的順序分段分節來寫，這不是斷續或停頓，而是表白有

困難。但是在演習的時候，應該連綿不斷。為了學習和閱讀方便，手、眼、身、步運動的正確姿勢和各種要求，在文字中另列要領加以說明，包括注意點、應有什麼要求和象徵性特點等。還呈列出大量秘不外傳的拳譜，便於練習者背誦和記憶。

● 華岳心意六合八法拳以健康鍛鍊為主，所以本書拳照是說明動作演練的過程，很少涉及技擊上應用方法，更不應當作為技擊的根據。

● 華岳心意六合八法拳的全部架式名稱、順序和運動的往來返復，以及身體的腰部轉動方向，另列後表。

● 本書拳照是華岳心意六合八法拳的活步姿勢，它和定步姿勢在運動使用上有所不同，但是這兩種姿勢的名稱完全相同，拳理也相同，均係吳翼翬老師傳授下來的，是同一拳種的兩種運動方式，請不要誤解為異途。

● 部分拳照因年代久遠，損壞嚴重。經過修復，基本能夠看清。敬請讀者諒解。

基本架式及動作方向

順序	名稱	身體的腰部旋向	圖片號	終勢方向
	起勢	南	1～11	南
1	停車問路	南→東→東南→東→東南	12～14	東南
2	臨崖勒馬	東南→東→東北→東→東南	15～16	東偏南
3	閉門推月	東南→東→東南	17～19	東偏南

續表

順序	名稱	身體的腰部旋向	圖片號	終勢方向
4	撥雲見日	東南→東→東北→東	20～22	東
5	臨崖勒馬	東→東南→東→東北	23～24	東偏北
6	摘星換斗	東北→東→東南→東→東北→東→東南→東→東北	25～34	東偏北
7	鴻雁雙飛	東北→北→西北→西→西南→西→西北→西→西南→西→西北→北→東北→東→東南	35～44	東偏南
8	閉門推月	東南→東→東南→南→西南	45～46	西偏南
9	孤雁出群	西南→南→東南→東→東北→北→西北	47～54	北偏西
10	野馬追風	西北→北→東北→東→東南→南→東南→東→東北→北→東北→東→東南→南	55～65	南
11	川流不息	南→西南→西→西南→西→西北→西→西南→南→西南→西	66～75	西
12	伏虎聽風	西	76	西
13	聲東擊西	西→西南→西→西北→西→西北→西→西南→西	77～82	西
14	青龍探爪	西→西北→東北	83～85	東偏北
15	丹成九轉	東北→東→東南→東→東北→東→東南→東→東北→東→東南→東→東北→北→西北	86～93	北偏西
16	撥雲見日	西北→西	94～95	西
17	順水推舟	西→西北→北→東北→東→東南→東→東北	96～100	東北
18	駑馬回頭	東北→北→西北→西	101～108	西
19	瓶花落硯	西→西南→西→西北→西	109～116	西

續表

順序	名稱	身體的腰部旋向	圖片號	終勢方向
20	高山流水	西→西北→西→西北→西→西北→北→東北→東→東北→東→東南→東→東南→東→東南→南→西南→西→西南→西→西北	117～139	西北
21	童兒送書	西北→北→西北→西→西南→西→西北	140～145	西北
22	樵夫擔柴	西北→西→西南→南→西南→西→西北→北→西北	146～153	北偏西
23	天宮指星	西北→西→西南→南→東南→東→東北→東→東南	154～156	東南
24	五雲捧日	東南→東→東北→北→東北→東→東南→南→東南	157～160	南偏東
25	托天蓋地	東南→東→東北→北→西北→西南→南→西南→西→西北→北→東北→東→東南→南→西南	161～166	西南
26	燕子抄水	西南→南→東南→東→東北→北→西北→西→西南→南→東南→東→東北	167～173	東北
27	朝陽貫耳	東北→東→東南→東→東北	174～176	東北
28	截手雙推	東北→東→東南→南→西南	177～180	西南
29	薰風掃葉	西南→南→東南→東→東北→北→東北→東→東南→南→東南→東→東北→東→東南→南→西南→西→西北→北→西北→西→西南→南→西南→西→西北→西→西北→西	181～208	西偏北
30	燕子銜泥	西→西北→西→西南→南→東南→東→東南	209～212	東偏南
31	靈猿摘果	東南→南→西南→西→西南	213～216	南偏西
32	猛虎回頭	西南→南→東南→東	217	東

順序	名稱	身體的腰部旋向	圖片號	終勢方向
33	旋轉乾坤	東	218～220	東
34	風擺荷葉	東→東南→東→東北→北→東北→東→東南	221～223	東偏南
35	掩手衝拳	東南→東→東南	224～225	東偏南
36	琵琶遮面	東南→南→西南	226～228	西偏南
37	流星趕月	西南→南→東南→東→東北→北→東北→東→東南→南→西南→西	229～231	西
38	燕子斜飛	西→西南→西→西北→北→東北→北→西北→西→西南	232～233	西偏南
39	丹鳳朝陽	西南→西→西北→西	234	西
40	翻江攪海	西→西北→西→西南→南→東南	235～238	東南
41	倒騎龍背	東南→東→東北	239	東偏北
42	狸貓撲蝶	東北→東→東南→東→東北	240～243	東偏北
43	抽樑換柱	東北→東→東北→東→東南	244～249	東南
44	風捲殘雲	東南→南→西南→西→西北→西→西北→西→西南→南→東南→東→東北→北→東北→東	250～257	東
45	蟄龍現身	東→東南	258～261	東南
46	烏龍擺尾	東南→南→西南→西→西南→西→西北→西→西南→西→西北→西→西北→北	262～269	北
47	平分秋色	北	270	北
48	走馬觀花	北→東北→東→東南	271～273	東偏南
49	魁星獻斗	東南→東	274～276	東
50	燕子穿雲	東→東北→北→東北→東	277～281	東
51	提手七星	東→東北→東→東南	282～284	東偏南
52	雁字橫斜	東南→東→東南	285～287	東南

續表

順序	名稱	身體的腰部旋向	圖片號	終勢方向
53	黃龍轉身	東南→東→東北→北→西北→西→西北→北→東北→東→東南	288～291	東南
54	五聖朝天	東南→南→西南→南	292～297	南
55	葉底藏蓮	南→西南→西→西北→北→東北	298～302	北偏東
56	鳳凰展翅	東北→北→西北→北→東北	303～304	北偏東
57	白鶴啄食	東北→東	305～306	東
58	月桂松梢	東→東北	307～309	東偏北
59	倒揭牛尾	東北→東→東南→東→東北→東	310～314	東
60	童子抱琴	東→東北→東→東南→東→東北→北→東北→北→西北→西→西南→西→西北→西→西北	315～325	西北
61	犀牛望月	西北→北→東北→北→西北→東北	326～327	東北
62	鷂子穿林	東北→東→東南→東→東北	328～337	東北
63	赤龍攪水	東北→北→西北	338～339	西偏北
64	風動浮萍	西北→西→西南→西→西北→西→西南→西→西北	340～345	西北
65	氣升崙崑	西北→西→西南→南→西南→西→西北→北→西北→西→西南→南→東南	346～353	南偏北
66	存氣開關	東南→東→東南→南	354～357	南
	收勢	南	358～361	南

華岳心意六合八法拳

動功詳解

動作詳解

張長信演練六合八法
珍貴歷史記錄

起 勢

【拳譜】

拳未起勢意為先，心曠神怡氣相連。

欲問勁發從何起，腰肩肘腕到指尖。

動作1

面朝正南，身體立好，端正。頭頸挺拔，如蒼松威立在山峰。兩足左右分開，距離肩的寬度相等，足尖向前，

足跟在後。兩手掌自然下垂，手指微分離，掌心貼近兩腿外沿中指置「風市穴」。尾椎的尖梢（尾閭），必須在正當中，肩關節要鬆，胸部要含，頭部要頂起，下頜要收斂。兩眼平視前方。（圖1）

【要領】

此式乃預備姿勢，要求做到集神靜意，排除雜念，呼吸要均勻自然。肅立片刻後，就開始練習動作了。

圖1

圖2　　　　　　　　圖3　　　　　　　　圖4

動作2

　　兩手掌心相對，緩慢地向前向上，平行舉起。當舉到肚臍以上乳線以下的範圍內時，一邊繼續向上舉手，一邊翻轉手掌，使掌心從裏側向上翻。手臂彎曲向上提起，當上臂與下臂彎成90°的時候，兩個手掌經過兩肩前面，直舉過頭頂，十個指頭的「意」如插入天空。身體的位置不動，面向南方，兩眼平視前方。（圖2～圖4）

　　【要領】

　　當兩個手掌平行向上舉時，兩手中間好像捧著一個直徑與肩同寬的紙質空心球。其目的是掌握鬆與緊的關係。若用勁內榨，紙球就要擠癟，若鬆散太開，紙球就會落下。要能夠做到紙球既不會榨癟，又不能被風吹走。體會兩個手掌的中間距離，保持不變的控制勁，從運動中體會

用「意」不用力的要求，進一步地理解鬆與緊矛盾與統一的關係。

還要注意的是，在兩個手高舉時，兩足要踏實，不許拔根，身體不仰不俯，從頭頂百會穴一直到會陰穴形成一

條垂直於地面的直線，從頸椎到骨底椎要節節鬆開，好像懸掛著一串念珠。「意」使軀幹放鬆，拔起伸長。胸部寬鬆，須聽其自然，不可吃力，不要故意大口吸氣。

【小結】

這一小節用術語來講，就是「仰天擎舉」，在拳術的升、降、開、合四種動態中，占一個「升」字。在練拳時體會「升」字的動態含義。

圖5

動作3

兩手掌心向外旋轉180°，緩慢地向前向下舒展伸長地按去，當按到肚臍上和乳線下的範圍時，掌心已經朝下，十個指尖向前，意如按壓入地面。身體的位置不動，面向南方，兩眼平視前方。（圖5～圖6）

【要領】

在轉動手掌時，鎖骨與兩肩峰要向外稍微展開，感覺胸腔寬暢。向下

圖6

按時，兩肩要鬆垂，才能做到以肩催肘，以肘催掌，以掌催指，意達指梢。軀幹骨架（包括椎骨胸肋等）感覺到垂直堆疊，由於膈肌上下移動，有著沉氣的感覺。這時要凝神靜氣，絲毫不用著力，聽其自然，不要大聲呼氣。

【小結】

這一小節用術語來講，就是「俯按地中」，在拳術的升、降、開、合四種動態中，占一個「降」字。在練拳時體會「降」字的動態含義。

圖7

動作4

兩手腕曲彎，略微上領，手掌與指頭向下垂。左手掌稍微向上提起，同時向前舒展伸長，俯掌，沉肘，五個指頭向前伸去，手指頭的高度不可超過鼻頭，手掌的根部稍微低一些，形成斜坡形狀；同時，右手掌順著姿勢向上翻，撤回到右肋下面，手成仰掌，右手小指頭的位置在肚臍的前面。身體的位置不動，面向南方，兩眼看著左手掌的前方。（圖7～圖8）

【要領】

左掌探出與右掌撤回的動作，

圖8

圖9

必須在同時進行並同時完成。虛領頂勁，含胸圓背。

【小結】

這一小節用術語來講就是「前伸後縮」，在拳術的升、降、開、合四種動態中，外形態是「開」字，在內含著「合」字。

動作5

左手掌緩慢地彎曲回來，撤入胸前（中宮）；同時右手掌由右邊肋下向前向上舒展伸出；左手上、右手下，覆印相對，如同捧物的形態。兩肩要垂緊，兩肘要沉裏。身體的位置不動，兩眼平視前方。（圖9）

【要領】

當兩個手掌合在胸前（中宮）時，兩手根部相連，手指相互對應，掌心向內凹陷，手指頭之間有縫隙，稍微彎曲，其形如同花蕾初放。

【小結】

這一小節用術語來講，就是「陰陽載覆」。在拳術的升、降、開、合四種動態中，外形態是「合」字，在內含著「開」字。

動作6

兩個手掌帶有上下旋轉的意思，好像在搓圓團，右手

圖10　　　　　　　　　　圖11

乘著旋轉的姿勢向右邊畫弧，左手指頭虛虛地搭在右手腕
的脈門上，用意識來推動右手向右，右手指尖與鼻對平，
手掌心向前。

　　在將停未停的時候，右手隨著左手從右側畫弧落下，
手臂與手指頭朝著下方鬆垂，繼續畫弧經過小腹前面時，
兩手掌心向內。再向左邊旋轉而上時，左手掌心轉向前
面，右手掌心仍舊向內，兩手部位與右邊時完全一樣，所
不同的是左右的區別。同時頭頸也要隨著手掌轉動方向由
右拗轉向左，眼睛也隨著手掌旋轉。（圖10～圖11）

　　【要領】

　　手先向右邊、後向左邊畫弧的時候，手與頭、眼睛的
位置雖然變成側面，但是身體仍然在原地未動（守中）。
在外形態上好像只有手掌、手臂、頭部在轉動，實際上這
樣的轉動完全由意識來指揮。所以當手在右邊時就凝神在

右邊，往左邊時則凝神在左邊。要求轉動柔綿，以意行動，整個軀幹如中流砥柱，穩若山岳。

【小結】

這一小節用術語來講，就是「左右相應」。

動作7

承接著上面的姿勢，兩個手掌向上畫弧，按「左→左上→上→右上→右→右下→下→左下→左」的線路，畫一個大立圓。向上畫弧過頭頂的時候，手掌心均旋轉向外；當經過小腹的時候，手掌心均旋轉向內；畫到左側的時候，兩個手的手指都要指向東方；左肘略向下沉，手掌心向前，手掌心的高度與左肩相齊；右臂要彎曲，圓抱在胸前，手掌心向內，高度與左肩相平，這時身體的位置不動，兩眼平視左手掌方向（正東方）。

【要領】

在畫大立圓的時候，身體要如蒼松矗立，兩個手掌好似車輪在運轉，眼睛要隨著手動，氣要隨著意行，不用拙力，鬆淨出手自然。

【小結】

這一小節用術語來講，就是「周天邁運」。

以上七個小節是一個完整的起勢動作。分解動作是為了使初學者容易掌握和明瞭動作組合，實際上是一個架式接著一個架式，中途決不能斷續，要一氣呵成。

從起勢動作的練習，可以體會拳術中的升、降、開、合四種動態的含義。

為了便於練習者記憶，錄拳譜如下：

【拳譜】

　　仰天擎舉，俯按地中，前後伸縮，陰陽覆載。

　　左右相應，周天邁運，連綿不斷，一氣呵成。

第1式　停車問路

【拳譜】

　　縱橫起伏氣提沉，圓活靈敏不留停。

　　沉氣集神縱曲折，姿勢純速出自然。

動作1

　　承接起勢的動作，左足踵轉
動，足尖撇向正東。這時，以身
體的腰部為軸，扭轉向東方，並
且稍微向前引長向東偏南。兩手
由原來位置將手掌心旋翻向下，
隨著身體的腰部扭動，向前面右
面畫一個水平的小弧。這時兩條
腿呈左實右虛，右足略向後退數
寸距離，使足尖向東南方，足尖

圖12

踩地。身體旋轉回到正東方向，兩眼向前方平視。（圖12）

【拳譜】

　　鬆肩含胸肘要沉，右腳順勢踵提起。

　　左旋身腰微呈俯，腳尖帶勁須平衡。

【要領】

要求鬆肩沉肘，含胸圓背。腰部向左邊旋轉的時候，身體稍微呈向前俯姿勢，右腳順著姿勢起足踵，足尖帶勁，使其不失去平衡。

圖13

動作2

身體的腰部向後坐時，右足踵踏實，身體的重心移到右足上，慢慢曲膝下蹲。右手掌向外旋轉再向內繞，經過右胯、小腹，螺旋從左上臂內側向上攢起，手掌心朝裏，五指頭向上；同時將左手掌由前方彎曲回到胸前，左手臂、肘彎曲成半圓形，左手指頭位置在右肋前面，成俯掌姿勢。面朝東方，兩眼看正前方。（圖13）

【拳譜】

　　轉動以腰為主軸，下蹲後坐防臀突。
　　右腿下沉彎曲度，自憑體力勿勉強。
　　掌指旋動隨腕轉，拉絲繞纏細綿軟。
　　形若潛龍勢伏虎，三七重心兩平胯。

【要領】

轉動時以腰動為主，後坐下蹲時防止臀部向外突，右腿下蹲的彎曲程度、高與低，需要根據各人的體力決定，

不要強求一致，但是必須保持雙腿弓曲。手指頭的旋轉須隨著手腕的關節轉動，並呈纏繞綿綿的狀態。身體形狀若伏虎，姿勢如潛龍，兩腿的重心分配大約前三後七，還要注意兩胯水平，不可一高一低。

動作3

連接上面姿勢，身體與腿漸漸扶搖上升起來。前足（左足）順著上升的姿勢，退近右足，兩足距離約為七八寸長，左足尖抵地面成丁虛步。右手掌同時由左上臂內側向上方突出，手掌心向裏旋轉向北方，手指頭向上方。

當兩腿漸漸豎直起來的時候，身體和腰部也漸漸扭轉向東南方向，右手隨著身體旋轉向右方旋轉手掌，一邊旋轉，一邊向上方提舉過頭頂，手掌心同時旋轉向東。右手掌高舉的位置，在

圖14

右肩的上方；左掌也同時隨著姿勢略為提高一些，位置在右肘下面，成為俯掌姿勢。這時，身體向東南方向，兩眼看著正東方向。（圖14）

【拳譜】

　　形似鶴立翅欲飛，手掌順勢若風帆。

　　旋身以靠腰為軸，尾閭如同舟後舵。

【要領】

旋轉身體以腰部為軸心，尾閭的作用如同船舵，手掌好像是行船的風帆，站立的形狀像鶴立展翅欲飛的意思。

【小結】

以上三個小節是停車問路的連續動作，是不可以分割的。全部架式包括撫拭、沉提、縱橫起伏，都要做到沉氣集神、注意曲折、圓活不滯，純熟和速度都要出乎自然。

第2式　臨崖勒馬（左式）

【拳譜】

靜守寰中柔寓剛，意氣聚神丹田滿。

精氣支撐八面勁，上虛下實中間空。

動作1

圖15

承接上面的姿勢，右腿向下蹲，左足略提向前開一步，足尖向東偏北，身體的重心分配比例為前四後六。在開步的同時，右手掌由肩上面向東北角下按擊出；左手掌護於右肘內沿。身體略微向前面引長，好像臨危崖的形狀，兩眼看著右手掌的前方。（圖15）

【拳譜】

　　腰椎飽滿脊椎直，肩膀不許有高低。

　　虛實分清應注重，臀裏提肛出自然。

動作 2

圖 16

　　隨著姿勢將身體的腰部向右方擰轉，左手掌順著右手小臂內沿舒伸推出，成立掌姿勢，手掌心向南方，勁要放在小指小澤穴到手腕關節外沿尺側神門穴處，並有意識微向東方頂出，其高度與左肩平行。肘要鬆沉，左肘與左膝上下相對。右手掌隨著身體的腰部向右擰轉，轉為側掌由東北角向後抽回，右臂圓抱在胸前，其高度與左肩平行。右肘微垂，與右膝相對。左右兩手相峙如同開弓式。

　　步型是半馬步，左足尖向東，右足尖向南偏東。面朝東南，兩眼注意看左掌的前方。（圖16）

【拳譜】

　　兩膝彎曲成鈍角，膝蓋足尖一直線。

　　腳趾微扒高靈敏，湧泉離地足心空。

【要領】

　　以上兩個小節練習中須連成一氣，要聚神專意，氣滿丹田，靜守寰中，柔中寓剛，上虛下實中間空，意有支撐著八

面的勁。

還要注意分清虛實，兩肩、胯不可一高一低，脊椎挺直，腰椎飽滿，臀部內裏，不要故意提肛。兩膝曲度不少於90°，膝蓋不要超過足尖。足趾微扒，使腳心含空。

第3式　閉門推月

圖17

動作1

後腳微做調整，右腳踵略向外展，右膝稍向裏。腰部扭旋向著東方略偏北。右手掌隨身體的腰部扭轉方向伏推，位置在左肘下方，手掌心向前方偏下；左手掌同時在原部位裏肘伸肱，手掌心向右方偏上，左手臂彎曲成半月形狀。這時，左右兩手掌上下互應，左手掌的高度不要超過鼻頭，面朝正東方，兩眼看著左手掌的前方。（圖17）

【拳譜】

身體扭旋腰為主，先掀後沉如波動。

兩層垂抱要圈胸，腰胯下蹲坐虎勢。

兩腿坐實三七分，圓活敏捷聽自如。

尾閭保持正當中，姿勢力求氣順通。

【要領】

腰部扭轉時，身體姿勢是先掀後沉，狀如水上波動，並且需保持尾閭中正，又不宜撲俯而越出規格。腰胯猶如虎坐的姿勢，切勿臀部向外突出。兩肩要下垂抱勁，胸部要含，背部要圓。兩腿虛實分配大約為前三後七，姿勢力求正確自然，不要勉強，並且要求圓活敏捷。

圖18

動作2

接前面的姿勢，兩手腕擰轉，使得兩手掌心旋翻向外。這時，左手在上，右手在下，兩手掌根相互對應，繼續手腕旋轉，使兩手掌心左俯右仰，如同捧球形狀。然後，右手掌由左肱下斜向右上角畫弧上披；左手指頭搭在右手掌根，隨著右手掌畫向東南上方。

在畫手掌的同時，左足變實，提起右足來，經過左足踝旁邊，朝向東南方向邁進一步，要做到手與足同時到。身體的重心放在右腿上，身體面向東偏南，並有引長的姿勢，兩眼看著右手掌的前方。（圖18～圖19）

圖19

【拳譜】

閉門推月過後勢，上虛下實應注意。

鞠躬側臂意清靈，腰胯後坐須穩重。

【要領】

注意上虛下實，腰胯後坐，鞠躬側臂，意態清靈。

【說明】

為了順勢連接下一式，閉門推月的右式，作為下一架式的過渡動作。因此與左式的閉門推月的姿勢略異，但是形勢要求和技擊意義與左式相同。

第4式　撥雲見日

【拳譜】

左右迂迴要自然，升沉起伏如波濤。

狀若撥雲開霧勢，避實就虛佯攻取。

動作1

緊接上式的姿勢，身體的重心仍舊在右足上，腰部扭旋向左，右足足踵旋轉。右手掌心同時旋翻向下面；左手掌由右手掌根部分開，向左平行畫弧到左側。腰部又復向右旋轉，右手掌也隨著姿勢從左向右畫回來，手臂彎曲在胸前，形成俯掌姿勢；左手手腕旋轉向下作舀水狀再轉向上，位置在右肘內側，形成仰掌姿勢。

這時右足順著右手掌畫回的姿勢，仍舊足踵旋轉向右

圖20

圖21

邊，足尖朝著東南，踏實後，身
體的重心徐徐轉移移回右足上，軀
幹也隨著姿勢略為下蹲。面向正
東，兩眼視線相隨。（圖20～圖
21）

動作2

緊承上面姿勢，右腿挺起，
左足略提向前進一小步，成為半
八步（有時可將左足尖抵地面，
成為丁虛步）。在右腿挺起的同

圖22

時兩手掌自胸部分開，左手掌由肘內側向上舉過頭頂，左手
掌心向裏略呈左斜姿勢；右手掌由胸前推出，手掌心向前下
方。身體面向東方，兩眼視前略注重在左方。（圖22）

【要領】

　　左右迂迴要動作自然，起伏升沉，如同波浪翻湧。形狀若撥雲開霧，姿勢似珠走玉盤，軀幹似斜實正，目神由近及遠。注意身體的重心在後足上，從技擊來說，乃是以分為合、直取伴攻、避實就虛、以逸待勞、審察應變、以靜制動的方法。

第5式　臨崖勒馬（右式）

圖23

動作1

　　身體的重心轉移到左足上，並且曲膝下蹲；右足向東南方向斜上一步，腰部向右扭轉。在開右步的同時，左手掌心旋翻向外，向東南角下按出擊，形成俯掌；右手掌移近左肘內側。

　　身體稍微有引長的姿勢，如臨危崖狀，兩眼看著左手掌的前方。（圖23）

動作2

　　隨著姿勢將右手掌順著左小臂內沿舒伸推出，形成立掌，手掌心向外（北方），右手小指（少澤穴）到手腕（神門穴）向東方稍微頂出（意頂），高度與右肩平齊，鬆肩下

肘，肘與右膝相對。同時腰部向後坐，漸漸向左扭轉，左手掌隨著身體的姿勢平弧捋回，成為側掌，手掌心向裏，左手臂圓抱於胸前，高度約與左肩平齊，左肘與左膝相對。左右兩手掌豎橫相對峙，如開弓形式。步型為半馬步，右足尖向東方，左足尖向北方偏東。面向東北方，兩眼看著右手掌前方。（圖24）

圖24

【說明】

姿勢要求與第2式臨崖勒馬（左式）完全相同，所不同的地方是左右兩向。

第6式　摘星換斗

動作1

承接著上式姿勢，腰部向右方扭轉，右足踵外撇，使得足尖向著東南方向；左足略調整，身體的重心仍舊在左足上（以得勢得力為度）。

兩手掌隨著腰部旋轉的姿勢，平面擺動向右方，手掌心向外邊成為立掌。接著腰胯略微後坐，雙掌向前方推按，形狀如同虎撲姿勢，高度與肩平齊，鬆肩垂肘。然後再彎曲手腕稍微提起，手指稍微向下垂，隨著腰部後坐的

圖25

圖26

姿勢向後吸進來，位置在兩乳根部的前面。順著姿勢將兩手掌由胸前向上向前畫弧後，再左右分開，均為立掌，此時要注意沉肘和撐勁。

這時將右足變實，左足虛步前進，位置在右足踵的旁邊，在兩手掌畫弧分開的同時，左足向東開一步，足尖向東方，略向下蹲。面向東南方，眼睛看著後方的右手掌後立即將頭部轉向前方的手掌。（圖25～圖27）

【拳譜】

　　鬆肩垂肘飽腰椎，伸要撐勁縮吞勁。

　　手足相隨分虛實，虛領頂勁是要領。

【要領】

運動時要求虛領頂勁，肩要鬆、肘要垂。還要注意腰椎的飽滿，伸時要有撐勁，縮時要有吞勁，既要手足相隨，又要虛實分明。

圖27　　　　　　　　　　圖28

動作2

衝接上面姿勢，身體的重心移動到左足上，提起右足移近在左足踝內側，足尖踩地。身體隨著左足變實與右足前移漸漸升起來。右手也隨著右步移動的同時從後面由上而下畫弧，向身體前面托起來，形成仰掌，高度與肩平齊；同時左臂彎曲回來，手指放在右手的脈門上，兩個手的位置在右肩上方。此時面向東方，眼睛看著前方。（圖28）

【拳譜】

掌向上掀肘下墜，挺身撐腰不著力。

雙手上托意舉重，內勁久持勁不斷。

【要領】

挺身撐腰時要絲毫不著力。雙手上托時，在意念上如舉重物，使得內勁不中斷。手掌向上掀時，肘要有往下墜

圖29

的趨勢。

動作3

右腳踏實，足尖方向偏南，身體的重心放在右足上；左腳立即向東方上前一步，兩腿彎曲，腰部略向左方扭轉。同時兩手掌分開並將手掌心翻轉，位置在兩肋前，兩手掌在上左步的時候，由右往左畫弧，高度與鼻頭齊。腰部轉向東偏北，眼睛隨著左手掌劃動而移動。（圖29）

【拳譜】

手掌劃翻勁在腰，眼神跟隨掌指移。

兩肘在肋不能離，膝凹曲度上盤勢。

【要領】

劃動手掌時，以腰部勁為主導。眼神隨手掌的指頭移動，兩肘不能離開肋部。高低是以膝凹曲度為標準，在上盤約 160°。

動作4

左腳踏實，足踵旋轉使得足尖向東偏北方向；右腳向東偏南方向前進一步，略向下蹲（不低於90°）。兩手掌順著下蹲的姿勢畫弧向左下方，手背均翻向外邊，手指頭向下垂，由左面膝外隨著身體向右邊扭轉畫弧，經過右膝的

外邊一直到身體右側為止。此
時身體向東偏南方，眼神隨著
手掌的移動而移動。（圖30）

【拳譜】

　　雙手摟膝體下蹲，

　　不宜過低臀易突。

　　兩腿曲度屬下盤，

　　摟膝畫弧腰扭勢。

【要領】

　　兩腿下蹲，雙手摟膝，下

蹲的彎曲程度在下盤姿勢約為

圖30

90°以上，但不宜過低出現銳角。摟膝畫弧須隨著身體的
腰部扭轉，注意身體的臀部不外突。

　　這個姿勢上身有前俯狀態，但是一定要保持虛領頂
勁、尾閭中正，不要出現彎腰曲背形態。眼睛雖然隨著雙
手移動，但是一定要保持頭部平正，不宜低頭哈腰。

動作5

　　身體的重心轉移到右足上，左足前升一步，足尖向東偏
北方。同時腰部略向左方旋轉，略向上升。兩個手掌也隨著
身體上升姿勢向上提起，皆成為側掌勢，掌心相對，其距離
比肩略寬些，隨著腰部向左旋轉的姿勢，由右邊平行畫弧向
正前，高度與胸部平齊，手掌均轉為仰掌的姿勢。然後將手
掌指頭向兩側面分勁，腰和胯略向後坐穩，兩個手掌向內引
勁，並且順著姿勢翻轉手掌向外成為立掌。

　　將身體的重心移到左足上，右足向前進一步，足尖向東稍微偏向南方。這時兩個手掌隨著步的前進向前推出，成為虎撲形狀。身體面向正東，眼睛向前方平視。（圖31～圖33）

圖31

圖32

圖33

【拳譜】

　　有升有降有開合，有縱有橫有伸縮。

　　鬆柔圓活不露痕，全身配合要恰當。

　　十面支撐凶勇姿，含胸圓背不偏倚。

　　膝凹曲度中盤勢，全憑沉氣意指揮。

【要領】

　　這一小節，有升有降、有開有合、有縱有橫、有伸有縮，全部身體運動要配合得當，又要鬆柔圓活、不露棱痕。要求含胸圓背、不偏不倚，有支撐十面的姿勢。膝部的彎曲度為中盤勢，約在 150° 以下。

動作6

　　兩腿在原來的位置上不動，腰部形成螺旋形狀，兩手掌翻成俯掌勢，隨著腰部旋轉，撫拭攏搓向著東北方向刺出。左手掌的指頭在前面，右手掌的指頭在後面，形成柳葉形手指併合俯掌，高低同胸部平齊。面向東北，兩眼注視左前方。（圖34）

圖34

【拳譜】

　　兩手有鑽勢，腰部同車軸。

　　兩掌似攏搓，意神隨掌旋。

　　兩腿像弓彎，伸縮腰著力。

　　兩眼順指視，才能見真功。

【要領】

這一小節是摘星換斗式中最後一個動作，也可以作為下一式的過渡動作。本節中雖然腳步不動，其姿勢如鑽狀，腰部活動如同車輪軸帶動著全身。兩腿似弓彎，伸縮腰著力。雙掌攏搓，神隨手掌旋轉，兩眼順著指頭遠遠望去。

【小結】

綜合以上六個小節的動作，包含著縱橫起伏、升降開合，蓄發兼有，靈活多變。

第7式　鴻雁雙飛

【拳譜】

神態清靈勁內蓄，飛翔上鑽翅沖霄。

東翅盤旋驚鴻姿，連綿不斷一貫勢。

動作1

承前面姿勢，右足向裏扣，足尖向著西偏北方，身體的重心在右腿上。腰部擰轉方向經過北方向西方。左足略提起，向著左方移動腳步，使足尖向著西方偏南；在旋轉身體的同時，右腳略事調整（以得勢得力為標準）。

左手掌順著姿勢畫弧，向西方偏南披伸，手掌心斜向上，高度與左肩平齊；右手掌也同時隨著左手掌的同一方向按推，斜著俯掌，高度與胸部平齊，位置在左肋下。身體向著西方略偏南，重心仍然偏向右腿。眼睛看著左手掌的前面。（圖35～圖36）

圖35　　　　　　　　　　　圖36

【拳譜】

　　掌分升沉足立穩，身腰後轉主宰腰。

　　腿踩虛實要分清，兩胯水平忌突臀。

【要領】

　　腰部向後旋轉的時候，兩腿虛實要分清，兩足立勢要穩固，兩手掌一手升起，一手下沉，順著身體旋轉向後畫弧。兩手掌在一面的時候，身體注意保持均勻姿勢，不採取弓步。注意兩胯水平，切忌臀部突出。

動作2

　　身體的重心轉移到左足上，提起右足，經過左足內側向西方偏北邁進一步。同時腰部扭轉，旋向西方略偏北。在上步旋轉身體的同時，隨著姿勢將雙手掌相互翻轉，右手掌畫弧向西北方上角披伸，高度與右肩平齊，手掌心斜

向上方；左手掌也在同時隨著右手掌向同一方向按推，高度與胸部平齊，勢成斜俯掌，位置在右肱下。這時身體向西方偏北，身體的重心偏在左腿上。眼睛看著左手掌的前面。（圖37）

【拳譜】

　　練拳換步很重要，身體不應升忽降。

　　左右搖擺更不許，後必經前內側進。

【要領】

換步的時候，後足要經過前足內側，再行向前進步，步有螺旋狀態。身體不要忽升忽降，也不要呈左右搖擺狀態。

動作3

承接上面姿勢，身體的重心轉移到右足上，提起左足經過右足內側偏南邁進一步，同時腰部左扭轉向西方略偏南。在上步轉身的同時，隨著姿勢將雙手掌互相翻轉。左手掌畫弧向西南上角披伸，高度與左肩平齊，掌心斜向上；右手掌隨著左手掌同一方向按推，高度與胸部平齊，成斜俯掌，位置在左肱下。

這時身體面向西方偏南，重心偏在右腿上。眼睛看著左手掌的前面方向。（圖38）

【要領】

與第二小節動作要求相同，所不同是左右方向。

動作4

運動姿勢和要求，完全與第二小節相同。（再操演一次）

圖37   圖38

【拳譜】

　　左傾右斜勿勉強，猶如鳥展翅飛翔。

　　動作連貫不斷勁，姿勢輕鬆出自然。

【要領】

　　以上動作要連貫不斷。可以單獨練習，一左一右，不拘泥次數，但是要在右邊動作為止。要注意姿勢，出手輕鬆和自然，不可以勉強而形成左搬右搬樣子，以致身體左傾右斜。從姿勢來看，如鳥展翅飛翔。

動作5

　　承接上面姿勢，右手右足到右側面為止，身體的重心移到右足上，足尖向著西北方向；左足從左後方經過右足內側，順步向西微偏北邁進一步，形成長三樁步，右膝略向內扣。身體腰部要有坐勁。在進步坐勁的同時，右手掌

圖39 圖40

心翻轉向北方，順著姿勢抬起，位置在正額前面，並向著西方托出去，手成橫掌，臂曲程度如同半月形狀，手指間離開縫隙，虎口成圓形；左手掌同時在右肘下沿著肱內側面到右手腕部的時候，與右手掌分開，形成立掌，也向西方劈出去，手掌心也向著北方，臂要曲，肘要沉，也如同半月形狀，手指間離開縫隙，虎口成圓形，指頭的高度與鼻平齊。

兩個手掌右手略高些，左手略低些，兩個虎口相對。這時身體面向北方略偏西，眼睛看著左手掌的前方。（圖39～圖40）

【拳譜】

速度稍快勢稍偏，肩胯須平不失中。

八法正偏轉換法，勢如驚鴻翅沖霄。

【要領】

動作要求速度稍快，其勢稍偏，但是肩胯要平齊，有

坐勁，仍然不可失去中正。這是換勢歸偏，亦即八法中正偏轉換的方法。在姿勢上來看，如驚鴻揮翅沖霄的樣子。

圖41

動作6

順著上面的姿勢，左足踵旋轉，須極力內扣，使足尖向北方偏西。身體的重心即移轉到左足上，足跟稍微提起來，勁放在足尖上，腰部也向右旋轉，面向東方偏北，左足隨著身體的旋轉足踵轉向東方，並略向外稍移（以得勢得力為止）。

在換步旋轉身體的同時，兩手掌由西方向上至東畫一半圓形，當畫弧到正東方時，左手掌在上，形成「立掌」，手掌心向外邊，並且有外推勢，高度與鼻齊平；右手掌在下麵，形成俯掌，並有向下按的姿勢，手指頭向前面，其高度在胸腹間。身體面向東邊，眼睛平視前方。（圖41）

【拳譜】

　　動作流利不停滯，順利連貫後面式。

　　過渡形式技擊性，換腿旋身輕敏捷。

【要領】

換腿旋轉身體的動作，要求輕快敏捷。這一小節是過渡動作，為了能說清動作的過程而分解，而且這一動作還帶有技擊作用，所以動作不可停滯，致礙下一小節。

圖42

動作7

緊接著上面的姿勢，腰部繼續向右旋轉，右足隨著姿勢後退一步，足尖朝著南方略偏東；左足踵略旋轉，使得足尖朝東。在右足退後時，身體的重心轉移到右足上，左足退回到右足內側，成為虛步姿勢。隨著身體旋轉，兩手掌由胸前順著姿勢捋回來，位置在腰前，形成俯掌。

在將停未停的時候，左足向著東方邁出一步。兩個手掌在腹部前面向上畫弧，朝著左右兩側分開來，形成立掌，肘要下沉，並且具有撐勁，手掌心向著外邊。這時身體向著東南方向，眼睛看著左手掌的前方。（圖42～圖44）

圖43

圖44

【拳譜】

　　身體圓活配手足，避實就虛引落空。

　　曲伸好像龍擺尾，起伏自如水上波。

【要領】

腰部要圓活，手與足要配合，避實就虛，引進落空，要求曲伸自如，起伏如波。

【小結】

總結上述七個小節內容，是本架式的完整姿勢，因此每一小節都連綿不斷。從姿勢上來看，有飛翔、沖霄、盤旋、束翅、驚鴻等形式，要做到神形清靈、勁力內蓄。

第8式　閉門推月

【拳譜】

　　原是閉門推月勢，銜接方法各有異。

　　左右扭擰賴腰動，閃空吸避捷如猿。

動作1

接前面的姿勢，腰部扭擰，兩臂和手掌隨著姿勢螺旋絞動，右膝向內扣勁，身體擰轉向著東方。左手裏肘伸肱，手掌心向著右方偏上，左臂曲如半月，左手高度不超過鼻；右手掌同時順著絞動姿勢向前方偏下伏推，位置在左肘下方。左右兩手掌上下相對。腰部向後坐，身體的重心在右腿。眼睛看著正東方向。（圖45）

圖45　　　　　　　　圖46

【要領】

與第三式閉門推月動作基本相同，唯有在銜接方法上各有不同。臂要螺旋絞動，腰部要有晃勁，形勢上要求撑抱相互、圓襠合戶、裹肩藏胸、鞠躬曲臂、挺頂坐臂、曲膝踩蹲。

動作2

身體的重心仍然在右足上，足踵旋轉向外撇，使得足尖向著南方偏西，腰部右擰轉向著正南方。同時右手掌由下提起來，畫弧到右肩正南方位置；左掌曲回形成橫掌姿勢，手掌心向內，兩手掌變成右向外、左向內，手背相疊。隨著腰部向右擰，兩手掌同時畫向右肩外，在剛畫到右側的時候，右腿不宜過直，稍有彎曲度，左足心踏實地面不許翹起。這時身體面向正南方，眼睛仰頭向著右邊看去。（圖46）

【要領】

這一小節是閉門推月式連接下一架式的過渡動作，與第三式的右式姿勢有所不同。

【小結】

以上二節動作，左右扭摔，全賴腰勁；閃空吸避，捷似猿猴。

第9式　弧雁出群

動作1

承接上面的姿勢，腰部向左面扭轉。左手掌由右肩前經過胸前，向下運行到腹部前，沿著左腿內側舒展伸出，到左足的足背部上挑起來，此時手掌心轉向外面（南方），五指向前。身體由右仆步徐徐升起，重心漸漸換到左足上，並且將足尖撇向東北；右足也將足踵旋轉內扣，隨著身體的腰部向左扭轉，向東方前面邁進一步。右手掌在右足上步的同時由右肩上方畫弧向下，隨著右步前進的姿勢，繼續向前面畫去。

此時，兩手掌組合成為右仰掌、左俯掌，左手指頭搭在右手脈門上，向東方偏南畫弧披出。面朝東方，眼睛看著右手掌的前方。（圖47～圖48）

【拳譜】

上下相隨左右顧，伸縮起伏有節度。

鬆柔靈活順自然，腰胯手足配合當。

47圖 圖48

【要領】

這一小節動作要求做到起伏有節奏,腰部和胯部、手與足要配合恰當,所謂上下必須相隨,要求往來自然,鬆柔靈活。

動作2

繼續上面的姿勢,腰部向左擰轉,略事向後方坐。右手掌順著姿勢旋向翻下;左手掌離開右手脈門,由前面水平畫弧到胸前。右在前、左在後,均為俯掌,頭頂往上微微頂勁。趁著姿勢將右手圓曲到胸前,右足踵旋轉略向外撇,身體的重心再移到右足上;急將左足上一步,足尖朝著東方,左手掌隨著上左步姿勢從右肱上面穿出向前削刺,手指向前,形成俯掌。

身體向前略微引長。當左掌削出去後,將手指用腕勁揉磨一圓形,往右邊撩撥。在此同時,身體的重心復移到

左足上，足尖外撇向東北方。腰部向左扭著，再行上右步，足尖向東，同時右手掌循著左小臂向東方劈出，右手在前，左手在後，左手位於右肘內側，兩手均為俯掌。身體向前引長，腰胯後坐。此時身體面向東方偏北，眼睛看著右手掌的前方。（圖49～圖52）

圖49

圖50

圖51

圖52

【拳譜】

左右上步一鼓氣，左前右劈帶弧形。

頭頂微頂虎豹頭，柔綿連續勁不斷。

【要求】

這一小節必須連續，使勁不斷，頭頂微頂，虎豹頭，這是神直飽滿的狀態。左右上步應一鼓作氣，手掌左削右劈要畫弧形，身體引長要注意向後坐勁，以免失去平衡。

圖53

圖54

動作3

接著上面的姿勢，將身體的重心轉移到右足上，右足踵轉內扣，使得足尖向北方。同時，腰部向左旋轉向北，兩手掌心均翻向上方，隨著身體旋轉，回到胸部下腹部上，十指相對，如同捧物狀。腰部繼續扭轉向左，左足踵旋轉，足尖撇向正西方，並且略向左移動；同時右足踵略向外展來調整方向，使足尖朝北方偏西。眼睛看著左手掌遠方。（圖53～圖54）

【拳譜】

兩手由東送向西，向前抓物直送後。

手法順勢善利導，腰勁為主忌局力。

【要領】

這一小節的動作，兩手由東送向西，姿勢猶如向前抓到物體往後面直接送出。這是技擊上的一種手法，要求做到順勢，善於利導，不宜硬拉硬送，主要是以腰勁為主，不應用局部力。

【小結】

整個架式，要求連成一貫，轉動如同幻燈換影，鬆淨俐落，一晃而過。

第10式　野馬追風

【拳譜】

勢如劣駒不服馴，忽面忽背捉不定。

運掌若水打漩渦，騰步似風橫捲席。

兩肩要垂肘下墜，保持平衡不失中。

樁步穩固重心換，野馬追風練純熟。

動作1

連接前面的姿勢，身體的重心轉移到左足上，足尖內扣轉向北方，腰也扭旋向北方；右足隨著身體旋轉的姿勢略微提起並極力向外撇，先將足跟落地，然後全腳踏實，足跟位於原來足尖的地方，足尖朝著南方，身體的重心移

到右足上，腰部也旋轉向南；在旋轉身體的同時，左腳略向上提起，沿著地面畫弧向前跟進一步，足尖亦向南方，與右足平行踏實，成為騎乘步，其寬度比肩胛稍開闊些。在身體右旋的同時，右手掌由左肘下面向上拉，一邊身體移動，一邊轉動手腕，旋動手掌，一直旋轉到身體向南方時，手掌心擰旋向西，拇指朝下，高度與肩平齊；在同一時間，左手掌轉到身體的右側，位置在右腹的側面。兩手掌的大拇指相對，在右膝上方，並且向右推勁。

當雙手向右面推勁時，身體的重心即移到左腿上，此時身體向著正南，頭頸扭轉向著右面（即正西方），眼睛看著右方。（圖55～圖56）

【拳譜】

兩腳虛實要分清，前四後六或三七。

身步重心會穩固，雙重全實轉不動。

圖55　　　　　　　　　　圖56

旋手順勢腕轉動，兩掌旋轉同時到。

上身著力易努氣，鬆緊適當出自然。

【要領】

當180°旋轉身體時，兩個腳要分清虛實，否則步法就會不穩固。虛與實的重心比例大約是四與六之比或者三與七之比，而不是雙重全部踩實。

值得注意的是，做這一動作時，身體上部容易努氣著力，要練習到鬆緊程度適當。旋動手掌要以腕部轉動，而且要順著姿勢轉動，兩手掌旋至右側面時，要同時到達。兩肩要鬆垂，兩肘部不要高抬。向右推勁的時候，以意為主，要求骨勁向內收斂。

動作2

接著上面的姿勢，身體的重心移到右足上，腰部向左扭轉。左足隨著身體旋轉的姿勢略微提起，足尖極力向外撇，首先足跟落地，然後再全腳踏實，足跟部位於原來足尖的地方，足尖朝北，身體的重心移到左足上，腰部也隨著姿勢繼續向北方旋轉；同時，右足略向上提起，沿著地面畫弧向前跟進一步，足尖亦向北方，與左足平行踏實，成為騎乘步，其寬度比肩胛稍開闊些。

在身體左旋的同時，左手掌由左肘下面向上擺，一邊身體移動，一邊轉腕旋掌，旋轉到身體向北方的時候，手掌心擰旋向西，拇指朝下，高度與肩部平齊；在同一時間，右手掌移動到身體的左側，位置在左腹部側面。兩手掌的大拇指相對，在左膝上方，並向左側推勁。身體的重

圖57　　　　　圖58　　　　　圖59

心移到右腿上，眼睛看著左方。（圖57～圖59）

【說明】

要求與上一節相同，不同之處在左右方向。

動作3

接著前面的姿勢，身體的重心移到左足上，腰部向右扭轉。隨著旋轉身體的姿勢，右足略向上提起，並且極力向外撇，使得足尖朝向南方，首先足跟落地，然後全腳踏實，足跟位於原來足尖的地方，身體的重心立即移到右足上，腰部也隨著繼續旋轉向右方；同時，左足略向上提起，沿著地面畫弧向前跟進一步，足尖也向著南方，與右足平行踏實，成為騎乘步，其寬度比肩胛稍開闊。

在身體右旋的同時，右手掌由左肘下面向上擺，一邊身體移動一邊轉腕旋掌，旋到身體向南時，手掌心擰旋向

西，拇指朝下，高度與肩平齊；在同一時間，左手掌移動到身體的右側，位置在右腹側面。兩手掌的大拇指相對，在右膝上方，並且向右側推勁。

隨後雙手由右側落下，畫弧到兩胯前，手掌心旋轉向外。同時將右足向左略微移動，與肩寬度相等。腰部也旋轉向正南方，並由下蹲的姿勢徐徐挺起立直，雙手掌也由胯前平托向上舉起，肘要曲，手掌心向裏面，舉起超過頭頂，然後旋轉掌心向外，隨著肘部徐徐向前下方舒伸按下，下垂貼在兩胯上。這時身體面向正南，眼睛平視前方。（圖60～圖65）

【拳譜】

　　兩腳踏實掌上舉，意識上舉不仰俯。

　　向下按法意先下，凝神鬆靜須自然。

圖60

圖61

圖62

圖63

圖64

圖65

【要領】

　　這一小節基本上與本式第一小節相同，所不同僅後段動作，當兩手掌上舉時，兩足踏實不動，身體不應有仰有俯，

上舉時意識向上，下按時意識向下，凝神定意，鬆靜自然。

【小結】

綜合上述動作，其姿勢如劣駒不服馴，一會兒面對著你，一會兒背對著你。騰步好似風捲席，運掌若似水打漩渦。注意身體重心變換，樁步穩固，要垂肩下肘，保持平衡，防止偏斜失中。

【說明】

原來的野馬追風動作只有面背二式，為了使初學者容易記憶，吳翼翬先生認為應增加一個姿勢，可以調節一下呼吸，而且有動中求靜的作用。在形勢上似乎收勢，但在意識上不得中斷，立即連接下一架式。

第11式　川流不息

動作1

身體的重心放在左足上，足尖內扣，腰部向右旋轉使面孔朝著正西方。右足隨著旋轉姿勢足踵向外撇，足尖向西偏北，形成錯綜八字步，身體的重心移到右腿上；左足上半步，足尖抵地，向西方略偏南，形成丁虛步；兩足之間的距離約為七八寸長。

這時，兩手掌心旋轉向外翻，在兩胯的前面隨著身體步法轉動，並向兩腿外左右分開，手腕向內旋，邊旋邊向前上方畫弧，十指合攏相對，手間距離約為三四寸長，掌心向裏，如抱空心薄膜圓球狀，高度與鼻子平齊，注意沉肩墜

圖66

圖67

肘。兩眼向正西方向平視。（圖66～圖67）

【拳譜】

外形鬆圓內靜寂，上似空洞下穩固。

頭有頂勁肩扣勁，手有掤勁臂撐勁。

丹田抱勁腰塌勁，足有踩勁全身勁。

諸勁切勿露於外，若說有意又似無。

【要領】

這一小節是本架式的開始姿勢，要求內部靜寂、外形鬆圓、上部空洞、下部穩固，還要做到頭有頂勁、肩有扣勁、臂有撐勁、手有掤勁、腰有塌勁、丹田抱勁、足有踩勁，所有諸勁不要外露。若說有意，又像沒意。

動作2

左足向左前方略上半步踏實，腰部向左面擰勁，並且

身體略向下蹲，重心仍然放在右腿上。這時，兩手掌與指頭隨著兩個手腕擰捲向下垂（手指頭朝下），順著腰部扭轉的姿勢，向左側方向斜著鏟去，掌心擰捲朝上，如同鏟土的形狀，最低不要低於膝蓋，位置在左膝外側。

然後將身體的重心移到左足上，足跟調整向外展，使得足尖朝西。當腰部向左擰時，順著姿勢移右足經過左足旁邊前進一步，足尖朝著西方偏北，同時兩手掌畫弧轉向正面。當經過胸前時，手掌背面向外，畫到右側時，手掌心轉向外翻。

這時腰部向左扭轉，兩個手掌順著身體的旋轉向左邊畫弧，帶有捋勁，手掌心向外。當捋到胸前時，腰部又往右邊一擰勁。這時身體向西，眼神隨著手掌移動，當右旋時看著左面，左旋時看著右面。（圖68～圖69）

圖68

圖69

【拳譜】

> 左鑹右拉須熟練，運動關鍵腰作用。
>
> 前俯臀突要防止，多演放鬆出自然。
>
> 迂迴細水若長流，往返翔魚似戲水。

【要領】

這一小節動作初練時可能不很自然，應多加以練習，兩手掌由高處向下左鑹右拉，動作的關鍵在於腰部的作用。還應該注意身體不要過分前俯，避免臀部外突。從姿勢上來看，好似迂迴之細水長流，又若往返似翔魚戲水。

動作3

承上面的姿勢，腰部稍微向右扭，身體的重心移動到右足上，足尖撇向西北。右掌翻轉成俯掌，曲臂，位置在左肘前面；左手掌同時手腕旋轉自下而上，好似舀水形狀，從右肘下穿出成為仰掌；左右兩手掌陰陽相搭，右手指頭搭在左手的脈門上。

這時提左足經過右足旁邊向前（即西方）邁出一步，腰部略向右扭，兩手掌順著撐腰上步的姿勢向西方偏南上角旋轉畫弧，左肘與左膝相對。左手腕旋轉如漩渦形狀的小圈，順著姿勢將手掌心翻轉向下，往右捲按；右手指頭離開左手脈門往後稍微拽勁，位置在左肘內側，雙手皆為俯掌。右手掌順著姿勢手腕旋轉至左肘下，變成仰掌，從肘下橫出；左手掌搭在右脈門上。

這時腰部左扭，向西南方向，身體的重心移到左足上，足尖略向外撇；右足向前進一步，足尖向西方向，同時兩手

圖70

圖71

掌隨著上步姿勢平旋畫弧向前
（西方稍北）撥出，右肘與右
膝相對。面向西方，兩眼隨著
兩手掌的方向移動。（圖70～
圖72）

【拳譜】

　　姿勢動作須輕靈，
　　身胯掌步要一致。
　　旋轉關鍵何處找，
　　蜿蜒蛇蠕在腰隙。

圖72

【要領】

　　這一小節的動作必須輕靈，身體、腰胯、手掌和腳步
要配合一致，而旋轉的關鍵在於腰部的間隙，在姿勢上可
參考上式，要求蜿蜒若似蛇蠕。

動作4

承上面姿勢，身體的重心仍然放在左足上，足踵旋轉向外面撇，足尖向南方，腰部向左轉向南方；右足順著姿勢足踵旋轉，足尖微起向內扣。同時右手腕旋轉，旋成一個漩渦形式的小圈，並且順著姿勢轉為側掌，手掌心向外；左手掌離開右手脈門，手掌心也向外（十個指頭都向右），隨著左轉的姿勢畫弧向左方捋，兩手掌的高度約與乳線平行。

畫弧到身體的左側，順著姿勢轉掌，十指轉向東，掌心仍然向外。這時，腰部又向右面旋轉向西，右足踵隨著旋轉，使得足尖向西南；左足略微調整一下，足尖向南方偏西。同時，兩手掌隨著右旋轉姿勢向右捋，畫弧到身體的右側，順著姿勢轉掌，十指向右，位置的高低與乳線平行。這時身體面朝正西方，兩眼隨著手掌方向移動。（圖73～圖75）

【拳譜】

> 畫弧腰勁根在腳，
> 臀部坐穩勿搖晃。
> 有意做作最犯忌，
> 順乎自然天生勁。

【要領】

這是本架式中最後一小節，當畫弧時其根在於腳，其勁在於腰，應當注意不要使臀部搖晃，動作要

圖73

圖74

圖75

順乎自然，不要有意做作。

【小結】

全部架式、動作、姿勢迂迴曲折，左右逢源。取「川流不息」之意而命名。

第12式　伏虎聽風

【拳譜】

　　伏虎聽風一氣成，意識心神須寧靜。

　　專意沉氣重靜寂，健身防身皆具備。

動作1

緊接著前面的姿勢，身體的重心轉移到右足上，身體略微下蹲。左手掌旋轉向下翻，手指頭位置在右乳線前

面；右手掌隨著下蹲的姿勢旋轉向下，從右膝前面向上（豎掌）攢起，手掌心向裏面，位置在左肱內側。這時身體仍然向正西方，眼睛向前看。

【拳譜】

　　旋掌下蹲如坐虎，臀部位正勿外突。

　　左臂曲抱勁在尺，右掌下旋如舀水。

【要領】

　　這一小節下蹲旋轉手掌，姿勢如同坐在老虎身體上，為了避免吃力努氣，不要下蹲過低，臀部注意不要向外突出。左臂曲抱，勁力放在尺側部分；右掌向下旋轉的形狀如同舀水。

圖76

動作2

　　承接上面的姿勢，身體的重心全部放在右足上；左足在後面輕輕地提起來，移到右腳踝內側，立即向左面移開，與右足平行踏實，兩腳中間距離與肩的寬度相同。幾乎同時，身體由下蹲的姿勢徐徐豎直。

　　右手掌順著起來的姿勢從左肱的內側向上方穿出，中指略高於頭頂，手掌心仍然向裏面，肘要沉，臂曲成90°角，位置在胸線正當中；左手背的位置在右肘下。身體仍然向著正西方，兩眼平視前方。（圖76）

【要領】

這一小節的下肢動作包括單重和雙重的著力問題。要求虛領頂勁，上空下實，肩鬆背圓，胸寬腹滿，腰塌胯鼓，腿挺趾扒。

【小結】

動作姿勢務必一氣呵成。從意識方面來講，要心神寧靜，專意沉氣，著重於寂靜，當然並不排除技擊性。

第13式　聲東擊西

【拳譜】

避實就虛以引真，攻其不備無不勝。

假借動作略施計，聲東擊西手法成。

動作1

承接上式姿勢，身體的重心移到右足上，腰部向左面扭轉，左足移到右踝內側，向著西南方向斜進一步。同時左手掌從右肱下面向著西南方向畫弧削出，手掌心向外偏下，虎口朝前，手腕旋轉一小圈，順著姿勢向右一撥，腰部也向右邊扭轉。

此時左手掌彎曲到胸前，手掌心向上偏內，左足也調整略內扣，足尖向著西方。身體的重心立即轉移到左足上，右足移到左踝內側，斜向著西北方向邁進一步。

右手掌旋轉腕部向下翻，順著左肱下向著西北方向畫弧削出，手掌心向外偏下，虎口朝前。此時兩手掌背部相

圖77

圖78

疊，成為「X」形狀，手掌的高度與鼻部平齊。面朝西北方，眼睛看著正西。（圖77～圖78）

【拳譜】

聲東擊西第一技，右推左掠手法巧。

全神貫注意集中，眼睛傳神隨掌轉。

【要領】

本架式有三個擊法，這一小節動作就是第一個擊法，術語說「左推右掠」，演習時要全神貫注，眼神隨著手掌移動。

動作2

接著前面的姿勢，身體的重心轉移到右足上，足踵旋轉調整，使得足尖向著北方偏西，腰部略向右擰；左足輕輕提起向前面邁進一小步，足尖朝西，成為虛步。與此同

時雙掌向著左右畫弧分開，如同摺扇展開狀，左手掌向西方劈出，右手掌向東方劈出，手掌心均向北方成立掌，雙手掌的高度約與肩部平齊。身體面向北偏西，眼睛先看右手掌，再看左手掌。（圖79）

圖79

【拳譜】

> 聲東擊西第二技，
> 前後互應配合妙。
> 鬆肩沉肘勁在尺，
> 兩臂不挺彈性好。

【要領】

這一小節就是第二個擊法，術語說「前後互應」。要注意鬆肩、沉肘，兩臂不宜挺直，以致失去彈性，其勁放在尺脈的側面。

動作 3

緊接著上面的姿勢，左足略提起即落回地面，足尖略微外撇，身體的重心轉移到左足上，腰部略向左擰；右足輕提經左踝內側向西偏北邁出一步。在上右步的同時，右手掌由後上方向下向前畫弧，形成仰掌；左手掌由前方彎曲回來，虛搭在右肱上，順著姿勢向右上角磨旋撩出；右手掌順著勁勢轉腕向左一撥，掌心隨即翻向下邊，與左手

圖80　　　　　　　　圖81　　　　　　　　圖82

掌同時向後方採勁，變為仰掌，身體重心立即轉移到右足上。腰部向右旋扭，左足輕提經過右踝內側，向西方偏南邁出一步。

在此同時，左手掌腕部旋轉向上，右手掌虛搭左肱上，向左上角磨旋撩出；左手掌順著勁勢轉動腕部向右一撥，手掌心隨即向下翻，與右手掌同時往後面採勁，都為俯掌。此時身體面向西方，兩個眼睛始終隨著兩個手掌轉移。（圖80～圖82）

【拳譜】

　　聲東擊西第三技，磨撩撥採圓活好。

　　左右多變目似電，緊湊鬆柔出自然。

【要領】

這一小節是本架式的第三個擊法，動作緊湊，還要演得鬆柔自然。手法上用磨撩撥採，要練到圓活無滯，眼睛

神態如閃電一樣，左右多變，術語說「聲東擊西」就是這個意思。在練習時候應該注意，出左掌坐右腰，出右掌坐左腰，一定使力量保持平衡。

【小結】

本架式的三個擊法，其特點在於假借動作，所謂「虛以引真，攻其不備」，所以用「聲東擊西」來命名。

第14式　青龍探爪

【拳譜】

現首探爪手法好，掉尾搶珠動作妙。

連貫一氣操演繁，多加單練成熟早。

動作1

緊接前面的姿勢，身體的重心移到左足上；上右步，足尖朝西。同時右手掌順著左手掌的背部盤旋向前方推刺，形成俯掌，手指尖部向前；左俯掌的位置在右肘。這時，身體仍然面向西方，眼睛看著右手指的前方。

在將停未停的時候，急速進左足一步，足尖朝西；順著姿勢將右足提起來，足背與足尖勾貼於左腿凹（委中穴），呈左足獨立姿勢。右手掌彎曲回到胸前，仍然是俯掌；同時左手掌順著右手掌背面盤旋向前推刺，形成俯掌，五指向著前方，手指尖斜向上。身體面向西方，眼睛看著左手指的方向。（圖83～圖84）

圖83

圖84

【拳譜】

　　單探手法攝引勁，俐落鬆淨不逆氣。

　　勢如鶴列速度快，勁在指尖和足尖。

【要領】

　　這一小節的動作，速度應該較快為宜，其形勢如同鶴列。其手法為單探，身體雖然呈前探姿勢，但是要有攝引之勁，探爪的時候，左腿要直，右足尖應該緊勾，可以加強穩度，上勁在指尖，下勁在足尖。

　　要做到鬆靜俐落，不要逆氣。

動作2

　　左手掌的位置不變，唯有俯掌換成立掌，並且手指間離開縫隙，略微捲曲如爪。身體的重心全部吃在左足跟，極力向右旋轉，由西方向東方略偏北扭轉近180°　；右足順著旋

轉的姿勢，離開膝凹，向後面撤，使足尖撤轉向東，兩足之間的距離大約二尺，身體重心仍然在左腿上。

上述動作的同時，右手掌從胸前下撤到右胯的前面，再向前方舒伸推出，形成立掌，手掌心向外偏左，肘要墜，五指分開略成捲曲狀。左手掌高度與肩部平齊，右手掌高度與胸部平

圖85

齊，這時左肘對左膝，右肘對右膝。身體面向東方略偏北，眼睛看著右手掌的方向。（圖85）

【拳譜】

雙探手法掌撐動，旋身動作難度高。

急回足踵旋不穩，斷勁努氣屢不鮮。

【要領】

這一小節的旋身動作操演比較困難，既有單足旋轉的不穩動作，又有180°急速回撤的不自然姿勢，會產生斷勁努氣的趨向。雙掌左高右低，肩胯不要有高低。採用雙探的手法，掌要有撐勁。

【小結】

以上兩個小節由於操演比較繁瑣，要求一氣呵成，所以應該多加以單式練習，自然而然能夠動作自如。從象形上來講，採用了現首、探爪、掉尾、搶珠等手法。

第15式　丹成九轉

【拳譜】

　　丹成九轉連續勁，上下相隨互兼顧。

　　上體鬆淨須舒展，下肢緊湊根穩固。

　　有升有降有開合，有提有攔有走旋。

　　外如旋風若渦漩，內中調和固丹田。

動作1

　　緊接前面姿勢，身體的重心仍然在左足上，腰部向右扭轉，右足隨之略微向右移動，足尖朝東方微偏南。同時，右手掌腕向內繞，由前方向裏向右側旋出；左手掌畫弧越過左肩上方向東向下拍擊，隨即彎曲回到胸前，轉成仰掌，與右手掌指相合。

　　此時右手掌指貼附於左手脈門上，兩個手掌隨著腰部向左邊扭轉，由中間平磨旋轉向左方上角掤出。

　　當兩手掌掤出的時候，身體的重心移到右足上，左足由後面輕提，經過右踝內側，向左邊斜上一步，足尖向東北方向；右足踵略外展，調整的幅度以得力為標準。

　　此時，腰部轉向東方偏北，並且向前方略微引長。右肘與左膝上下相對，兩手掌左仰右俯。眼睛看著左手掌的前方。（圖86～圖88）

圖86　　　　　　　圖87　　　　　　　圖88

動作2

　　承接上面的姿勢，身體的重心仍然在右足上，腰部略微右擰、坐勁。同時右手掌離開脈門處，兩手掌翻轉，變成左俯右仰，隨著腰部右擰後坐的姿勢，兩手掌往右邊採挒。到身體右側的時候，右手掌腕部向外旋轉外翻，兩手成側掌，手掌心向外偏下方，十指指向右方。

　　腰部又由右向左擰，兩掌心隨著擰的姿勢向左平行畫弧回挒，當挒到左方的時候，十個指頭轉向左邊。右手掌心順著姿勢向下翻，臂要彎曲，位置在胸前；左手掌由上向下旋動腕部如同舀水狀，經過左膝前向上旋，從右上臂內側旋出來，手指尖朝上，手掌心向裏。

　　同時，胯部略微下蹲，身體的重心立即移到左足上，上右步，足尖向東。這時腰部略向右擰向東方，眼睛看著

圖89　　　　　　　　圖90　　　　　　　　圖91

前方。（圖89～圖91）

動作3

承接上面姿勢，右足略向內扣，身體的重心移動到右足上，腰部向左旋轉，左足橫上半步，與右足形成錯綜八字步。在旋轉身體上步的同時，胯部隨著略微挺起，左手掌從右上臂內側穿出攢起，手指高度約與鼻部平齊，左手掌心隨著身體旋轉慢慢地轉向外邊；左手攢起的同時，右手掌由胸前順著姿勢與左手掌分開，隨著身體旋轉向外畫一平圈，高度與胸部平齊，掌心向下。

這時身體已面朝北方，重心立即移到左足上；右足隨著上步，落在左足的前面，形成倒八字步。身體繼續旋向西方偏北，重心又移到右足上；左足踵旋轉向外撇，形成丁虛步。眼睛看著正前方。（圖92～圖94）

圖92　　　　　　　　圖93　　　　　　　　圖94

【要領】

本架式分為三小節，動作上要求連續不斷，一氣呵成，上下必須相隨，旋轉靈活。勁勢上有升有降，有開有合，有提有攔，有走有旋，上體必須鬆淨舒展，下肢要緊湊穩固。外勢上如旋風，形成渦漩；在其內調和滯脈，凝固丹田。

第16式　撥雲見日

【拳譜】

撥雲見日勁連續，左虛右實是步型。

前三後七腰坐勁，節奏分段要理清。

動作

緊接著前面的姿勢，身體的重心在右足上，腰部略向

圖95

左扭轉。右手掌隨著身體旋轉畫弧，曲臂於胸前；左手掌也隨著身體的旋轉向下畫弧，經過右膝前邊從右上臂內側旋轉出來，手掌心向裏。這時，胯部略微下蹲，隨即挺起來，左足移進半步，在挺身移步的同時，兩手掌從胸前分開，左手掌直向左上方攢起，高度略超過頭部，位置在左眉側上，肘要彎曲，手掌心仍然朝著裏面；右手掌隨著姿勢往前偏左方推出，形成斜俯掌。這時，身體仍然向著正西方，眼睛看著前方。（圖95）

【要領】

本架式與前一架式緊密連接，不得斷勁，但是要理解節奏和分段，步型為左虛右實，前三後七，一切操作要求與第四架式的撥雲見日相同，唯有方向不同，前者身體向著東方，後者身體向著西方。

第17式　順水推舟

【拳譜】

順水推舟勢，外形是相合。

內部實屬開，初學宜多練。

圖96　　　　　圖97　　　　　圖98

動作1

承接上面姿勢，身體的重心移到左足上，足尖內扣轉向東北方向；腰部右轉180°向東，右足隨著身體的旋轉，提起來向東南方向斜進一步；胯部略微下蹲，左足調整，程度以得勢為標準。在轉身上步的同時，右掌隨著身體的旋轉向東南方向畫弧，手掌心旋向外邊，五指朝下，位置在右胯部前面；左手掌由左向右略微下沉，手掌心仍向外，五指仍然朝上，隨著姿勢將兩肘緊緊裹住，兩肘處於右膝上方。左手掌指頭的高度與面部平齊，右手掌指頭與小腹平齊。

此時趁右腳進步勢，隨著全身的勁，向著東南方向推出去，身體的重心仍然在左腿上，有時候為了增加推力可將左足向前略墊幾寸。身體面向東方偏南，眼睛看著東南方。（圖96～圖98）

【拳譜】

左足前尖力內扣，身體腰部順勢轉。

兩肘合裹向前推，剛勁內勁整體勁。

【要領】

在180°轉身時，左足尖要極力內扣，順著姿勢旋轉身體。兩肘合裹往前推出，必須做到與出步一致，否則就不能上下協調，更談不到勁力前發。

腿部的虛實力量大約用前四後六，特別要注意剛勁、內勁和急勁出來要合整。

動作 2

緊接前面姿勢，身體的重心移到右足上，胯部由蹲的姿勢徐徐挺直；左足隨即上一步，靠在右足內側，踏地形成虛步。在此同時，順著姿勢將右手掌由右胯前面挑舉起來，手掌心旋轉向裏，手指頭朝著上方，上下臂大於90°角，位置在右肩上方，手指頭的高度略超過頭部；左手掌同時由上畫弧下截，手指頭向下垂，手掌心旋轉向外，掌背部貼在左胯處。

這樣上下挑撇的動作在將停未停的時候，腰部向左邊扭轉，右膝彎曲向下蹲，左足向東北方向邁出一步；而右足隨即內扣調整，以得勢為標準，有時候為了增加蹬力，可以向前略墊幾寸。

右手掌心旋轉向外，隨著姿勢將兩肘緊裹起來，處於左膝上方。右手掌指尖的高度與面部平齊，左手掌指尖與小腹平齊，乘著左足進步的姿勢，隨著全身的勁向東北方

圖99

圖100

向推去。身體面向東方偏北，眼睛看著東北方向。（圖99～圖100）

【拳譜】

　　頂勁坐勁腳踩勁，順水推舟向前進。

　　借力發力乘勢取，上下起伏虛實顯。

【要領】

　　以上兩小節，要求貫通一氣，所謂順水推舟，必須順勁前推，這是借力發力，乘勢取勢的方法。

　　運動的時候，應該注意上下起伏，虛實分明，頭有頂勁，腰有坐勁，腳有踩勁。合肘必須緊湊，出手要鬆靜自然，切忌用拙力。

　　本架式的特點，在外形上是相合的，而在內部是分開的，初學者應多加練習。

第18式　駕馬回頭

【拳譜】

駕馬回頭架姿難，升降開合變化繁。

有序有節一呵氣，多加練習不嫌煩。

動作1

順著前面姿勢，身體的重心移到左足上，兩手掌交叉相疊，左下右上成「X」形狀，手掌心均斜向裏向上。隨即將兩手掌向左右分撐，兩肘要沉裏，手指向外展開，形成截勢。在這同時，左腿微曲，右足提起來向前挑踢，足尖向上，高度不超過膝蓋，踢出後立即將右足縮回，未經落地順著姿勢向前邁出，足尖向東方微偏北。

在右足邁出落地時兩手掌均旋轉向外，隨著姿勢向前撲出，形成立掌，手指微曲。這時身體面向東方偏北，眼睛向著前方看去。（圖101～圖103）

【拳譜】

手足並用須協調，猶如駕馬急駛跑。

勒韁致馬蹶前蹄，尚有前撲勢餘勢。

【要領】

這一小節手足並用，要求動作協調。在象形而言，猶如駕馬急駛，突然勒韁，致馬蹶前蹄，尚有前撲餘勢。從勁路來說，分掌的時候，勁在指和腕，肘有裏勁；挑踢的時候，勁在足尖；向前撲的時候，勁在二印大小魚際，並

圖101　　　　　圖102　　　　　圖103

且有支撐八面、上頂下沉的勁。

動作2

繼續前面姿勢，右足內扣，身體的重心移到左足上。腰部向左扭轉，兩手由立掌轉變成手掌心向下，隨著腰部向左扭轉的姿勢，由右而左平行畫弧到左側。腰部再向右扭轉，兩手掌隨著畫回來，右手掌畫到胸部的裏面；左手掌自上往下經左膝向右上畫一大半圓，位置在右臂內側。

然後腰部又向左邊扭轉，轉向正西方，同時右足內扣，身體重心仍然在右足上。兩手掌成交叉形狀，左手掌心向裏，右手掌心向外，順著腰部扭轉姿勢，也向著西方，位置在胸前。

同時提起左足，足尖外撇，落步時足尖向西方偏南，身體重心移到左足上，胯部略微下蹲；右足橫進一小步，

足尖向西方偏北，形成錯綜八字步型，身體重心立即移到右足上；左足再上一小步，足尖向著西方，成為丁虛步。身體隨著左足上步，徐徐挺直起來。

在以上動作過程中，兩手掌由胸前漸漸分開，並且翻轉手掌，左手掌心向外，形成立掌；右手掌心向裏，形成側掌。兩手掌的中間距離大約與兩乳的中間距離相等，其高度大約與領平齊，肩要垂、肘要下。此時身體面向正西方，眼睛隨著兩手掌移動方向轉移，最後向著前方看去。（圖104～圖108）

【拳譜】

　　轉身旋掌與上步，鬆柔圓活勁不僵。

　　精神充沛寄雙目，不馴劣馬強挽回。

【要領】

本小節的動作，無論是轉身、旋掌、上步，都要做到

圖104

圖105

圖106 圖107 圖108

鬆柔圓活，不顯僵勁，精神充沛，寄託在雙眼上。

在象形上來說，猶如對待不服馴的劣馬，強行挽韁令它回頭。

【小結】

以上兩小節練習時要一氣呵成，升降開合變化較為頻繁，要求有秩序、有節奏、多加練習。

第19式　瓶花落硯

【拳譜】

腰腕旋轉撐繩勁，前後伸縮如蛇行。

順柔猶如棉裏簧，隨曲就伸隱現變。

動作1

承接上面姿勢，腰部扭撐向前稍探，右手掌腕旋轉舒

| 圖109 | 圖110 | 圖111 |

伸，向前左搓撥，趁著姿勢曲肘回收到腹前；同時左手掌由外立掌順著姿勢旋轉手腕，翻手掌向裏偏上方，從右臂內側搓磨往前，向左繞旋。

在這個動作過程中，輕輕提起左足後退一步，形成橫斜步，落步的時候身體重心移到左足上，並且將向前撩出的左手掌順著姿勢帶回來，手腕部旋轉向內繞一小圈，順著繞圈的姿勢，向前舒伸撩按，形成俯掌，身體向前略微引長；同時右手掌也在胸前向內繞，肘要沉，指要垂，半握拳，拳背向上，手指根部向前方，位置在右乳的前面。

這時，身體面向西方，眼睛隨著手掌的繞旋動作移動，腦中的意識在向前面出擊，體會「花凋」之意境，所以有「瓶花落硯」之名。（圖109～圖111）

圖112 　　　　　 圖113 　　　　　 圖114

動作2

　　緊接上面姿勢，腰部旋擰下坐，將撩出的左手掌隨著姿勢曲肘收回到胸前；同時右手垂指，拳變掌，掌心向裏偏上，從左臂內側搓磨往右前方繞旋。

　　同時，輕輕提起右足退後一步，形成斜橫步，落步的時候，身體的重心移到右足上，並且將向前方撩出的右手掌順著姿勢帶回來，手腕部旋轉向內繞一小圈，順著繞圈的姿勢向前方舒伸撩按，形成俯掌，身體略微引長；同時左手掌也在胸前略微內繞，肘要沉，垂指半握拳，拳背向上，手指根部向前，位置在左乳前方。

　　這時身體仍然向西方，眼睛隨著手掌移動，與上一節相同，唯有左右方向各異。（圖112～圖114）

圖115

圖116

動作3

緊接上面姿勢，在右手掌撩出後，似回非回、似停末停之間，左半握拳開展成為掌，迅速越過右手背向前方劈出去，形成左手掌在前、右手掌在後的姿勢。兩手掌同時向後方抽撤，左手掌曲肘成為側掌，掌心向裏；右手掌指頭搭在左手的脈門上，向前擠勁。腰部和胯略微下蹲，身體的重心是右大於左，面向西方稍偏南，眼睛看著正西方向。（圖115～圖116）

【要領】

以上三個小節，要緊密連在一起。本架式的特點在於腰腕旋擰動作，要注意身體不顯出左右搖擺狀態。左右纏繞，前伸後縮，宛如蛇行，又若擰繩，要求圓活如同珠走盤，順柔似棉裏簧一樣，隨曲就伸，隱現無定。

第20式　高山流水

【拳譜】

高山流水一氣成，順勢往返不露痕。

擰扭諸勁腰主宰，意要專靜勁鬆韌。

動作1

腰部略微下蹲，兩個手掌分開來，均向身體右邊畫一小弧，左手臂曲肘位於胸前。身體重心移到左足上，右足向西偏北邁進一步。在邁進右步的同時，右手掌隨著姿勢，沿著左小臂向右足方向上角撩刺，高度與眉毛平齊，手掌心與手指頭斜向上；左手掌指虛搭在右手脈門上，身體隨著稍微上升。

然後（不停頓）將兩手掌心旋轉翻動（原來是右仰左俯），變為左仰右俯，順著姿勢往左下採捌；至胸肋下又將兩手掌旋轉翻動，變為右仰左俯，右手曲肘，位置在左脅前面，同時左手掌從右手脈門上面弧形向前刺出，手型為柳葉掌（即食指、中指、無名指、小指四指併攏，拇指彎曲到食指根旁，本書中有許多地方，均用這種掌型），左肘位置在右手掌心上面。這時身體面向西偏北，眼睛看著左手掌的前方。（圖117～圖120）

動作2

緊接著上面姿勢，腰部略微向右扭轉，兩手掌隨著姿

圖117

圖118

圖119

圖120

勢向右腿外側劃下，手指併攏下垂，手背都向外面。保持
勁不斷，將兩手掌由右側向上向前畫弧，都為柳葉側俯掌。
同時，身體的重心移到右足上，左足向正西邁進一步，重心
換到左足上，右足跟進至左足踵內側，重心又換到右足上，

圖121　　　　　　圖122　　　　　　圖123

左足再上一步（有時可將右足前墊數寸）。

在腳步轉換的過程中，右手掌由前方彎曲回來，位置在胸前，形成俯掌；左手掌由前面外劃內繞，經左脅旁繞出，沿著右腕部上方朝正西方向用柳葉掌穿掠，左肘位置在右手手指上方。此時，身體面向西北方，並且有前探引長之勢，眼睛看著左手掌的前方。（圖121～圖123）

動作3

承接上面姿勢，左足踵旋轉，足尖極力內扣，身體重心移到左足；腰部向右旋轉180°向東，右足略提起向外移動數寸，使右足尖向東方偏南；左足也略事調整，以得勢為標準。

在旋轉身體的同時，右手掌由左肘下抽出來，順著旋轉身體的慣性作用，以手背連臂部畫弧向東方鞭擊而出，

圖124

圖125

圖126

繼續畫弧向右後方；其時左手掌也隨著轉旋的姿勢由西方向東方畫弧拍擊，成為俯掌。兩臂前後舒伸，絞動如摔繩。這時身體重心移到右足上，腰部微向左扭，提起左足向東方微偏北邁進一步。同時左小臂彎曲回來到胸前，形成仰掌；右手掌在後面畫弧經過右肩上方向東推掠，形成俯掌，右肘部位於左手掌心的上方。

這時身體面向東微偏北，眼睛看著右手掌的前方。

（圖124～圖126）

動作4

承接前面姿勢，身體重心移到左足上，腰部略微向左
扭轉。兩手掌隨著姿勢從胸前向左胯側面落下，手指垂
下，手背部都向外，順著姿勢旋轉向上，由左而右向前平
行畫弧。接著腰部向右扭旋，右足也隨著向前進一步，足
尖向著東南方，落步時身體重心就移到右足上。

當兩手掌畫弧至右側時，隨即上提到胸前，兩手交叉
相疊，成「X」形斜豎手掌，左在外，右在內，手掌心都
朝著裏面。同時，左足向東方邁進一步，身體略微下蹲，
身體重心比例約前三後七，在左足邁步的同時，兩手掌心
旋轉向外，並且向前後畫弧分開，形成左東右西的立掌，
肘要沉，肩要墜，勁要撐。這時身體面向東南，兩眼先隨
雙手掌的劃動，後再看左掌的前方。（圖127～圖129）

圖127　　　　　　圖128　　　　　　圖129

圖130

動作 5

腰部向左旋轉面向東方，身體稍微升起。左足隨著上升的姿勢移後半步，足尖點地，成丁虛步。同時左手掌由前面曲肘到胸前，手掌心向上翻；右手掌由後向上畫弧經過右耳旁螺旋向東方掠刺，形成柳葉俯掌，右肘位置在左手掌上。這時，身體面向正東方向，眼睛看著右手掌前方。（圖130）

動作 6

承接上面姿勢，略進左步，足尖調整外撇向東方偏北，身體重心立即移到左足上，右足向前邁進一步。右手掌由前方彎曲回到胸前旋轉成仰掌；左手掌在胸前旋轉成為柳葉俯掌，順著右肱上面向東方掠刺。接著腰部向右旋轉，兩手掌隨著旋轉姿勢向右腿側劃下，手指向下垂，手背都向外，同時身體重心移到右足上，足尖略微外撇。腰部向左旋轉，兩手掌隨之由右側旋轉向上，平行畫弧向著前方，都為柳葉側俯掌。也在同時，左足向正東前進一步，身體重心換到左足上；右足跟進，到左足踵內側，身體重心又換到右足上；左足再上一步（有時可將右足前墊數寸以增加催力）。

在腳步轉換的過程中，右掌由前方彎曲回到胸前；左

手掌由前方外劃內繞，經過左脅旁邊繞出來，沿著右腕部
上方朝著正東方向用柳葉側掌穿掠，左肘位於右手指上
方。這時，身體面向東南方，並且有前探引長的姿勢，眼
睛看著左手掌的前方。（圖131～圖134）

圖131

圖132

圖133

圖134

動作7

承接上面的姿勢,左足踵轉動,極力內扣,身體重心移到左足上,腰部向右旋轉180°到西方;右足略微提起向外移數寸,使右足尖向西方偏北;左足也略事調度,以得勢為標準。

在向右旋轉身體的同時,右手掌由左肘下抽出來,順著轉身的慣性作用,以手掌背部連同臂部畫弧,向西方做鞭擊的動作,後繼續畫弧向右後方;其時左手掌也隨著旋轉姿勢由東向西拍擊,形成俯掌姿勢;兩臂前後舒伸,絞動如同擰繩。這時,身體重心移到右足上,腰部微向左方扭轉,提起左足向西微偏南方邁進一步。同時,左手臂從前方彎曲回到胸前,形成仰掌;右手掌從後向上畫弧經過右肩上方,向西方推掉,形成俯掌,右肘位置在左手掌心的上方。腰部又向左扭轉,兩手掌隨著扭轉的姿勢下垂,畫弧向左腿側面,手背都向外邊。身體重心移到左足上,腰部又向右邊扭轉,右足向前邁進一步,落地的時候足尖向西北方,腰部繼續扭轉向北方偏西,兩手掌順著姿勢由左側旋轉而上,都為俯掌,平行畫弧到身體前面。

這時身體的重心移到右足上,左足向前邁進一步,足尖向西略微扣向北,膝部下蹲。左手掌轉成仰掌,位置在右胯前面;右手掌由身體前面向右外側旋轉內繞,從右脅側面繞出,在左手腕脈門上形成仰掌,與左手掌相疊成十字形。這時身體向著西北方向,眼睛看著正西方向。(圖135~圖139)

圖135

圖136

圖137

圖138

圖139

【拳譜】

　　高山流水氣魄偉，猶如魏武揮鞭姿。

　　山洪暴發瀉千里，江河決堤滾滾前。

【要領】

以上動作分解為七小節來寫，但是在操練的時候要求一氣呵成。撐扭動作以靠腰勁為主，順勢往返，不露棱痕，練習的時候要專而靜，勁要鬆而韌。

高山流水動作較為複雜，包括多種法則，其中有八法中的「隨」和「還」字訣，即所謂「圓通策應」和「往來返復」之意，技擊法則中有十二勢的「龍戰」「猿肱」「熊攀」等身法。

從象形上來講，好比山洪暴發，一瀉千里，又如江河決堤，滾滾向前；從姿勢上來講，猶如聲東擊西，若魏武揮鞭。初學時應多加練習。

第21式　童兒送書

【拳譜】

童兒送書技擊法，腰如盤蛇掌撐繩。

清靈活潑圓柔綿，猶如開捲向上呈。

動作1

承接上面姿勢，兩足立在原來位置不變，身體重心隨著腰部撐扭與手臂旋繞而移動。腰部向右邊扭轉，右手掌由左膝上方隨身體的旋轉穿離左脈門，仰掌向外旋去（↗），由西到北再向東畫弧，腕部旋轉，畫至右膝上方時，手掌心轉向下方。繼續轉動腕部，由右邊腰旁繞出，

圖140　　　　　　　　　　　圖141

這時手掌心撐繞向上，向左上方托起來；同時，左手掌由左膝上方內旋（ ↰ ）撐繞，順著左腿方向舒展伸出，繼續向右上旋轉，與右手掌相合上托。步型由類似左弓步，隨著腰部右旋下蹲成類似右僕步。腰部左扭時，身體重心移到左足上；右足斜上一步，踏實後，身體重心轉到右腿上；左足立即跟進一步，靠到右足內側，形成虛步。當上右步的時候，右手掌恰好由腰旁繞出上托；左手掌也在同時與右手掌根部合攏起來，向西北方上托；兩肘緊合，兩手掌心都向上，形狀如攤開的書捲，高度與下頦平齊。這時身體略微升起，面向西北，眼睛先隨著手繞轉，到兩手掌合攏上托時候，向北方注意看去。（圖140～圖141）

動作2

承接上面姿勢，腰部向左旋，略微下蹲，兩肘向左右

圖142   圖143

略撐勁。左手掌順著姿勢翻成側俯掌在上面，右手掌變為側仰掌在下面，兩手掌上下相對如同捧物。

隨著腰部的擰旋姿勢，兩手掌上下攏搓，左手掌向左膝外邊外旋下繞，腕部旋轉如舀水狀向左上角托扣；同時右手掌內旋，從裏向外向上翻，也朝左上角托扣；兩手掌根部相合，兩肘緊裹，猶如書本開捲。在此同時，左足斜向西南方向邁上一步；踏實後，右足立即跟著上步，靠在左足內側，成為虛步。腰部隨著略微升起來，身體面向西南，眼睛看西南前方。（圖142～圖143）

動作3

緊接上面姿勢，腰部向右旋轉，略微向下蹲，兩肘向左右略微撐勁。右手掌順著姿勢翻成側俯掌在上面，左手掌變為側仰掌在下面，兩手掌上下相對如捧物，隨著腰部

擰扭姿勢上下攏搓，右手掌向右膝外邊外旋下繞，腕部旋轉如同舀水狀向右上角托扣；同時左手掌內旋，從裏向外翻上亦朝右上角托扣；兩手掌根部相合，兩肘緊裹，形狀如同書本攤開。

圖144

在此同時，右足斜向西北方向邁上一步；踏實後，左足立即跟上一步，靠在右足內側，形成虛步。腰部隨著略微上升，身體面向西北，眼睛看西北前方。（圖144～圖145）

【拳譜】

　　擰繞攏搓勢勢應，
　　順其姿勢節節隨。
　　合掌上托兩肘裹，
　　上扣下沉勁自然。

【要領】

以上動作必須做到節節相隨、勢勢相應，擰旋攏搓要順其姿勢，上扣下沉勁出自然。合掌上托時，肘要緊裹，軀幹要挺

圖145

拔，要垂肩、鼓腰，上頂下蹲忌臀部外突。動作要圓潤柔綿、清靈活潑，不要形成局部斷勁。

從姿勢上來看，腰部如盤蛇，手掌若擰繩；從象形上

來看，猶如開捲上呈。本架式乃技擊的手法，要多加以單式練習。

第22式　樵夫擔柴

【拳譜】

砍薪擔柴樵夫事，上下一致升降巨。

起伏退步須敏捷，輕鬆靈活分掌勢。

動作1

接著前面姿勢，腰部向左扭，左足向前邁一小步，落地時，足尖向著西南方向，與右腿成絞花形狀。同時兩手掌順著姿勢翻滾下按，右手掌在前，左手掌在後，位置在左膝的上方。身體重心隨著移到左腿上，右足向前踢起來，足尖向上，高度不超過膝部。在踢右腿的同時，將兩手掌隨著上掀起來，十個指尖略微下垂，勁在手背的腕根部。右腳踢起後，就立即落下來，足尖向西方；左腳略內扣，形成子午步。同時兩手掌也隨著下按，手指尖有向前探刺的姿勢，身體也略微向前引長。這時身體面向西方偏南，眼睛看著正西方。（圖146～圖148）

圖146

圖147　　　　　　　　　　　　圖148

【拳譜】

　　掌腿起伏應注意，波浪掀動雄偉姿。

　　前輕後重不失中，動作姿勢須一致。

【要領】

　　本小節的動作，應該注意掌腿起伏，姿勢必須做到一致，如同波浪傾動。身體向前引長時，不可過於俯傾，身體重心後大於前，以不失平衡為標準。

動作2

　　承接上面姿勢，兩足立在原來的位置上，身體重心是左大於右。

　　腰部略向左邊扭轉，左肩往後靠抗，左手掌連手臂順著靠抗姿勢，從前方挑起來向後方抽撤，手掌心朝裏，五指朝上，高度略超過頭部，位置在左肩上方。

　　在以上動作的同時，右手掌往前向下按勁，形成俯掌，

圖149

手指向前。這時胸部向著南方偏西，拗著頸項向西方看去。（圖149）

【拳譜】

> 身肩後靠左側勢，
> 守著中心不失重。
> 昂首仰身要避免，
> 閃空吸避虛引真。

【要領】

本小節的動作應該注意，身肩向後靠時候，必須要避免昂首仰身的姿勢出現，仍舊守著中心，這是拳術中的閃空吸避、虛以引真的方法。手掌和臂部前伸後撤，是技擊方法中的爭力作用。身體重心雖然左大於右，但右足要相應制約。

動作3

緊接前面姿勢，腰部向右扭轉，身體重心仍舊是左大於右，身體略向西方引長。左手掌由左肩上方隨著身體向右扭轉做引長的姿勢，向西方劈下去，位置在右手掌的前方，劈下的時候，翻成仰掌；右手掌位置在左小臂內側。當左手掌前擊之後，身體繼續向右邊扭轉，左足踵轉向內扣；右足迅速向後方撤回一步，足尖向北，身體重心立即移到右足上；左足順著姿勢跟著退回來，靠到右足的內側，形成虛步姿勢。

在撤回左足的同時，兩手掌隨著姿勢捋回到胸部之下

腹部之上的位置，並且將兩手翻成背背相疊，手指頭向
上。這時身體扶搖直起，兩手掌順著挺立姿勢向上直舉，
高度超過頭頂，向左右分開，隨肘下沉，按勁形成俯掌，
高度稍低於兩肩。同時腰部略向左扭轉，曲膝向下蹲，隨
著姿勢將左足向西方邁進一步，足尖微微內扣；右足踵也
調整，微微向外展，形成長三角步（拳術稱長三步），身
體重心在右腿上。這時身體向北方偏西，拗頸向西看著左
手掌的前方。（圖150～圖153）

【拳譜】

　　挑、按、劈、捋、攢、抖，豹掌熊攀和鵬搏。

　　走、避、閃、騰、摟五法，起仰伏俯要寧神。

【要領】

　　本小節動作要求敏捷，尤其退步、起伏、分掌等動作
要輕鬆靈活、上下一致。升降的幅度較大，要順著姿勢運

圖150

圖151

圖152

圖153

動，勁不要外露，起不仰，伏不俯，神要寧，氣要沉。全
架式從技擊手法上看，包括挑、按、劈、捋、攢、撐、抖
等諸勁；從八法運義及十二勢法則上看，包括走、避、
閃、騰、摟；從身手法上看，有豹掌、熊攀、鵬搏等；在
姿勢方面來說如同砍薪、擔柴，故此得名。

第23式　天官指星

【拳譜】

　　天官著重右指星，看正似斜斜似正。

　　不偏不倚不失中，手眼身步配合法。

動作1

承接上式，左足踵旋轉向左撇，身體重心移到左足

上，腰部向左扭轉；右足隨著身體旋轉跟進，足尖向內扣，與左足形成倒八字步。這時身體已轉向西南方向，在旋轉身體和移動腳步的同時，左手掌隨著姿勢落下來，貼在左胯處，手掌心向外，五指朝下；右手掌也隨著姿勢畫弧向下，經過右腰旁，繼續畫弧向上，臂部彎曲如同弓形，手掌心向下，五指向前，位置稍高於右肩。這時右足踵向內扣，身體重心移到右足上，腰部繼續旋轉向東方偏北；左足趁著姿勢斜向東北方向旁邊開一步，成為三岔步。

在旋轉身體和邁步的同時，左手掌從左胯外翻轉手掌，形成俯掌，平舉從左胯外畫弧向左前方撩撥攏搓；右手掌由右耳旁向前用柳葉掌向前掠刺；左手掌向外翻轉，抽回到左胯處貼附著。

整個動作過程中，腰部大約旋轉一個360°圓周，並且由上升姿勢漸漸地變成下降姿勢。這時身體面向東方偏北，眼睛看著正東右手掌前方。（圖154～圖156）

動作2

緊接上面姿勢，身體重心移到左足上，腰部向右扭轉，右足輕輕提起，經過左足內側向右前方邁進一步，足尖向東南方向；左足也略加調整，以得力為標準。同時，右手掌曲肘到胸前；左手掌從左胯向上提起來，轉成俯掌從右手腕下面朝東方偏南穿刺，兩手掌在胸前平

圖154

圖155

圖156

擺成「X」形。

這時身體面向東南，眼睛向前方看。

【拳譜】

鬆淨俐落使用中，推掠演運如龍戰。

敏捷似如猿猴攀，上下配合多加練。

【要領】

以上分述兩小節，第一小節是正架式，第二小節是為下一架式的銜接動作。

從技擊上來講，也可以作為左右指星之分動作，但是著重在右手指星；從姿勢上講，身體看上去似斜又似正，事實上是不偏不倚，不失中心；從動作上來講，關鍵在手眼身步的配合得法，特別是腰胯起了很大作用。總的來講，必須鬆淨俐落，敏捷似猿猴，推掠如龍戰，要多多加以練習，才能做到上下配合恰當，運用自如。

第24式　五雲捧日

【拳譜】

五雲捧日一氣成，雙手捧托似圓球。

推託搬挎與掠刺，左轉右旋不斷勁。

動作1

承接上式，身體重心移到右足上，身體略微上升；將左足略向上提起，移到右足前面，足尖蹺起，形成丁虛步。同時，兩手掌略向上提起分開，兩手虎口相對如一圓形，形成立掌，手掌心向外，並有向前推進趨勢。

接著腰部向左旋轉，左足向左撤，向後移動，足尖向北方，腰部也繼續向北方轉，並且略向下蹲，身體重心立即移到左足上；右足則隨著身體旋轉的慣性作用跟著向左邊轉動，直到與左足平列為止，兩足間寬度與肩寬相同，左足實而右足虛。

在以上動作的同時，兩手掌翻轉向上托，十指向前，高度略超過肩部。肩要鬆，肘要墜，如同托物的形狀。這時身體面向正北，兩眼睛看著前方。（圖157～圖158）

動作2

前面姿勢將停未停的時候，身體重心全落在左足上，腰部向右邊往後扭轉180°；右足隨著身體的旋轉姿勢提起來，足尖外撤向後撤步，落地時足尖向著南方，並且將身

圖157

圖158

體重心移到右足上；左足也隨著旋轉姿勢向右轉到與右足平列為上，這時左足虛而右足實。

在轉身動步的同時，兩手掌隨著身體旋轉也轉向正南方，手掌徐徐地翻轉向裏、向下，兩虎口合勁下捋，如捋須狀，這時兩手掌位於頸項兩側。

接著腰部微向左邊扭轉，右足略微調整內扣；左足向正東邁一步，形成長形三角步。同時，兩個肘部撐勁，兩手手指向左右（東西）平刺，用柳葉俯掌型，略低於兩肩。腰要沉。這時身體面向南方微偏東，眼睛看著正東方向。（圖159～圖160）

【拳譜】

身腰輕靈虛實明，腳步穩健蓄內勁。

轉動宛如走馬燈，隱現無定柔連綿。

圖159　　　　　　　　　　　圖160

【要領】

以上兩小節，要求做到虛實分明，腰部輕靈，腳步穩健，勁力內蓄，轉動宛如幻燈換影，連綿不斷，隱現無定。五雲捧日架式有多種技擊動作，包括推託、搬挎、掠刺等手法。

從象形上講，雙手如同捧托圓球，所以有「五雲捧日」的名稱。值得注意的是，左轉180°、右轉180°的時候不應該斷勁，要一氣呵成。

第25式　托天蓋地

【拳譜】

托天蓋地一氣成，旋轉動作無停頓。

椿步穩固須輕靈，似履薄冰踏雲霧。

圖161

動作1

　　承接上式，腰部向左扭轉，左足略微提起向左撇向北，落地後身體重心移到左腿上；右足輕輕提起順著身體旋轉的方向移動，橫置於左足尖前方，足尖向西，形成倒丁步。同時，右手掌心翻轉向上，曲臂上舉，手掌心從腦後繞過頭頂到正額前，手掌心向外形成側掌；左手掌向外旋轉內裏，翻動手掌心向上，位置在肋前，小指頭近左乳下。這時腰部繼續向左旋轉向南，身體重心立即移到右腿上，輕輕提起左足向南方跨移一步，右足略微調整內扣，以得力為標準，形成子午步。

　　在這同時，右手掌由額前向下按，手掌指頭的位置在左肘前面、左膝上方，右手拇指對著肚臍的左側；左手掌由左肋的前面向上舉，穿出右肱內側向左邊上托，彎曲肘部，上下臂約成90°角，掌心向天，虎口向外高度約與頭部平齊，形成左手同左足相對、左肘與左膝相對、右肩與左膝相對的外三合。身體重心右大於左，面向南方略微偏西，眼睛看著前方。（圖161～圖163）

　　【拳譜】

　　　　形鬆意緊托天式，手眼身步要配合。

　　　　左仰上托右下按，上下動作須爭力。

圖162   圖163

【要領】

這小節主要是托天形式，手眼身步要求緊密配合，動作上要求形鬆意緊，左仰掌上托和右俯掌下按，要求上下爭力。

動作2

緊接前面姿勢，身體重心移到左足上，左踵轉向內扣，腰部向右扭轉；右足向西方邁進一步，足尖外撇向北方形成錯綜八字步。在旋轉身體邁步的同時，左手掌心翻轉向下，右手掌心從下按姿勢翻轉向上，形成左上右下，兩手掌心相對，如同捧物狀態。身體繼續向右旋轉，重心移到右腿上，立即上左步，落在右足尖前面，形成倒丁步，左足尖向南方。

在向右旋轉身體和上左步的過程中，兩手掌也同時運動，左手掌略向下移，仍為俯掌，環抱在胸前；右手掌則

圖164　　　　　　　圖165　　　　　　　圖166

從下提上從左肱內側穿出來，兩小臂交叉成「X」形。這時身體重心又移到左足上，腰部繼續向南方，並且右足輕輕提起向南方偏西邁進一步；左足及時調整到得力狀態，形成子午步。

在這同時，右手掌從左手掌背部摩擦而出，手掌心翻轉向下，兩手掌形成右前左後，均為俯掌，向著西南方向延伸下按。這時身體面向南方，並且呈下蹲姿勢，眼睛看著右手掌的前方。（圖164～圖166）

【要領】

這小節主要是蓋地形式，要求和前面相同。本架式的動作特點都是有360°的旋轉，即第一小節由右向左旋轉，第二小節由左向右旋轉，旋轉的步法都是以三步組成。

操作的時候，兩個小節必須連貫一氣，不要呈現出略有停頓的地方，其中特別要注意的是樁步穩固輕靈，如同

踏踩雲霧，又似步履薄冰。

第26式　燕子抄水

【拳譜】

　　燕子抄水象形真，掠水飛燕又凌空。

　　旋風迅捷如閃電，靈敏圓活幅度大。

動作1

　　緊接上式，右足向內扣，足尖轉向正南，彎曲膝蓋向下蹲，大腿與小腿成90°角。胯部下沉，腰部向左邊扭轉，由南方轉向東方。在右腿下蹲的同時，左腿向前延伸，左足尖直指東北方，足底踏地，形成右仆步。

　　在以上動作的同時，右臂舒伸，由俯掌變成立掌，手掌心向著西南方，右肘稍向下垂，手掌向外推動，高度略超過頭部；左手掌反向擰轉，手背向下，大拇指向裏，小指向外，從胸部位置沿著右脅、左胯、左大腿、左膝、左脛骨以至左足背部延伸。腰部徐徐向左扭轉面向東北方，眼睛先注視右手掌，然後隨著左手掌移動。（圖167）

圖167

【拳譜】

燕子抄水勢，樁步須穩固。

上下宜協調，輕鬆順自然。

【要領】

本小節的動作要求虛領頂勁，項脊挺拔，身體不要過分前俯，也不宜仰首突頦。上身不得吃力努氣，切忌挺胸、凹腰、翹臀。兩手臂與手掌成一條斜線而有撐勁，注意上下協調，樁步穩固。這小節是抄水正架式，要求輕鬆自然。

動作 2

隨著前面的姿勢延伸繼續，身體重心移在左腿上，腰部向右扭轉向東方，形成左仆步姿勢。同時，左臂與左手掌順著姿勢向上挑，翻動手掌形成立掌，手掌心向外推，高度略微超過頭部；右手掌也在同時向下按勁，位置在左足上方，呈現左手掌上與右手掌下的一條斜線。眼睛由東北方向拗頸向東邊看去。

以上諸動作不可停頓，立即將腰部向左邊扭轉，由下蹲姿勢稍微升起來，左足踵轉動，足尖向外撇向西方；右足輕輕提起來，沿著地畫弧到左足前面成為倒八字步。這時腰部扭旋向著西南，兩手掌隨著身體步法方向畫弧，左手掌側掌略向下延伸，位置約在右肩前面，手掌心仍然向外；右手掌從左足背上方曲臂如舀水狀向上畫弧，與左手平行豎列。左足跟著力旋轉身體，兩手掌向身體前面下按，這時右手掌在前，左手掌在後，都成俯掌，身體略微下蹲，並且稍向前俯。

圖168

圖169

身體向著西方偏南，眼睛初時隨手掌的轉移而轉移，最後則注視前方。（圖168～圖170）

【拳譜】

　　扭腰是關鍵，

　　全憑意指揮。

　　左踵為轉軸，

　　右足隨軸劃。

【要領】

本小節的動作比較複雜，練

圖170

習時應該加下工夫，其中有360°翻轉身體和改變步型等動作，其操作的關鍵在於扭轉腰部，兩足如同圓規畫圈，左足踵轉動為軸心，右足隨著軸心而劃動。兩手掌上下翻動，如同轉動的輪盤，藉助身

體腰部轉動的慣性作用。要求不用拙力，而用意識來指揮，順著姿勢來利導。初學的時候動作會顯得不自然、生硬或者斷勁，久練則成為自然。

動作3

緊接上面姿勢，不可有停留現象，右足踵略微外轉，身體重心立即移到右足上，腰部向左扭轉，並且由略微下蹲的姿勢挺起來。用右腳跟作軸，向著左後方向180°半圓旋轉，這時身體面向東北方向，右足尖向著東方。在腰部向左邊旋轉的同時，順著姿勢將左足提起來，使左足尖與足背緊貼在右腿人字肌上（即承山穴）。

兩臂與掌鬆鬆地下垂，手背向外，趁旋轉身體的慣性，由右往左甩盪到左膝前面。左足立即從右腿人字肌上離開，向前跨一步，左足尖朝東北，兩腿保持弓曲形狀，身體重心偏重在右足上。在出左步的同時，兩手掌趁勢向前擊出，手背仍然向外，力點在於掌背的根部。這時身體面向東北方，眼睛看著前方。（圖171～圖173）

【拳譜】

頭部有頂勁，臀位有坐勁。

功力賴右腿，尾閭成直線。

【要領】

本小節的功力，依賴於右腿，為了使下肢穩固，左足指勾附著承山穴位，目的主要是助長穩度。兩手掌前擊時必須與出左步相呼應。同時要求頭部向上頂勁，臀部向下坐勁，頸椎與尾閭成一垂直線。必須做到鬆淨不滯，富有彈性。

圖171 圖172 圖173

【小結】

綜合以上三個小節，運動必須一氣呵成，不可有一絲斷續。

本架式是由多種動作構成的，難度比較大，初學時不容易掌握，所以必須多加以練習。從架式上來看，除了形象上的抄水姿勢以外，還有斜飛、穿堂、登梁、築巢、護雛等象形，特點是靈敏圓活，起伏無常。從形勢上來看，猶如飛燕掠水凌空，迅捷若旋風閃電。

第27式　朝陽貫耳

【拳譜】

　　兩手始終對稱旋，兩腳邁步左右花。

　　既不俯來又不仰，上身要虛下要實。

圖174

動作 1

接前面姿勢，身體重心仍舊在右足上，腰部向右邊扭轉面向東南方；左足輕輕提起來向右邊移動，落地的時候，橫放在右足的前面，足尖朝著東方偏北，與右足形成錯綜八字步。同時，兩手掌順著姿勢向裏捲翻，手腕旋轉一個小圈，遂向著前方外面反擊，手掌心均朝上方。這時身體面向東南方向，兩個眼睛看著前面。（圖174）

【拳譜】

手眼身步須一致，運動行步若絞花。

翻掌要求如畫圈，前擊好似水波勁。

【要領】

這一小節的動作，手眼身步應該出於一致。身體向右旋轉的時候，應該稍向上升起來，在落步和翻掌的時候略微下沉。要求翻掌若同畫圈，運動行步如同絞花，前擊帶著點水波勁。

動作 2

緊接上面姿勢，身體重心移到左足上，腰部向左邊扭轉向著東北方向；右足隨著姿勢向左前方上一小步，落步的時候橫放在左足的前面，右足尖朝著東方偏南，形成錯綜八字

步。同時，兩手掌腕部向裏繞，
從腰部兩旁繞出來。兩手掌心初
時向上面，在繞出腰部兩側的時
候，手掌心翻轉向下，順著姿勢
畫弧向前向上，邊畫邊徐徐地握
掌變成拳，拳眼相對，拳心向著
外邊，高度約與兩耳平齊，位置
對準太陽穴。

圖175

在變掌成拳和向前面合擊的
同時，身體重心又移到右足上；
左足向前邁進一步，足尖朝著東
北方向，形成半八步。這時身體
仍舊朝著東北方向，眼睛向著前
方看去。（圖175～圖176）

【拳譜】

> 虛領頂勁很重要，
> 斂胸拔背不可少。
> 鬆肩裏肘經常用，
> 繞掌絞步柔含勁。

【要領】

圖176

這一小節的動作要求虛領頂
勁，斂胸拔背，鬆肩裏肘，繞掌絞步，柔韌相濟，成拳合
擊，臂肘裏勁，上下相連，開合有節。

【小結】

綜合以上兩小節，兩手始終是對稱旋繞，兩腳邁步是

左右絞花。應該注意的是，既不俯又不仰，上身要虛，下身要實。

第28式　截手雙推

【拳譜】

　　截手雙推架式良，轉身靈活勁二印。

　　蓄收猶如蛇吸食，發射好似虎撲羊。

動作1

　　承接上面姿勢，左足向內扣，重心在左足上。身體向右旋，兩手仍舊握拳，拳背向上，左臂隨著身體旋轉姿勢沿著右臂上面向右方橫劃移動，使兩臂交叉成為「X」形狀。這時腰部繼續向右邊旋轉，右足足尖轉向著南方偏西，同時鬆拳變成掌。手掌心向上翻轉，並且向左右分開，沉肘保護肋部。這時身體面向西南方向，眼睛看著前方。（圖177～圖178）

【拳譜】

　　截手姿勢貫耳來，拖移下來按捋勁。

　　兩肘下垂向內合，兩臂交叉掌分截。

【要領】

　　本小節是截手的姿勢，由上式貫耳姿勢而來，向下移到胸前時候需要有向下按捋的一鼓勁。右拳僅隨著身體旋轉，位置不變動，兩臂形成交叉姿勢是由於左臂劃動。兩手掌分截，其寬度大約比肩部稍寬一些，兩肘向下垂向內

圖177

圖178

合。眼睛先隨著左臂移劃方向，後往前方注視看去。

動作2

緊接上面姿勢，身體重心移到右足上，並且要調整向外撇，足尖向西方略偏北；左足提起來進一小步，落地的時候，足尖向著南方偏西，形成錯綜八字步。這時兩手掌由仰掌旋轉翻向外邊，形成立掌，肩要垂，肘要墜。身體重心又移到左足上，足尖調整向南方；右足急進一步，足尖向著西方偏南，形成半八步。在進右步的同時，兩手掌向前方推撲出去。身體面向西南方向，眼睛向著前方平行看去。（圖179～圖180）

【拳譜】

雙推動作對稱難，全身力量須均衡。

上頂下坐出步掌，前踩後蹬掌心陷。

圖179 　　　　　　　　　　 圖180

【要領】

本小節是雙推姿勢，要求全身力量須均衡，掌與步必須出在同一時間，上頂下坐。掌心要求內陷，十個指頭開縫、微彎，勁點放在二印。後腳要下蹬，前腳要有踩勁。

【小結】

本架式是對稱動作，與前面相同。要注意做到旋轉身體須靈活，蓄勁與發勁俱備。蓄收的時候如同蛇吸食，發出的時候好似虎撲羊。

第29式　薰風掃葉

【拳譜】

薰風掃葉左右旋，掌護膝腿腰力堅。

獨立尋搜手腳整，抽撒全憑提轉圖。

前足落地腰身換，掌復出擊守丹田。

由於本式難度高。必須多加勤練習。

動作1

承接上面架式，右足向內扣，腰部向左扭轉。兩手掌由立掌翻成俯掌，隨著腰部旋轉的姿勢自右向左水平畫弧，右手掌畫到胸前左面的時候，曲臂成環抱形狀。這時腰部略向右扭轉，身體重心緩慢地移到右足上。同時左手掌向外向下旋轉，復向上旋轉由右肘內側穿出來。當左手掌剛由右肘內穿出來的時候，立即進左步，落地的時候足尖向左邊撤，與右足的距離約為一尺二三寸（看操演的人身材長短或架子高低，可大可小，但是以後換步的時候要求距離相等），兩足前後成一斜長形步（俗稱長三步）。

這時腰部又向左邊擰轉，開始換步，沿著弧線「⌒」分成五步走轉，步法是隨著身體的旋轉，從第一步左足開始（身體面向南方），接著上右步，如此交替到第五步的時候，左足走成與右足平列，身體向著正北方。

在旋轉身體換步的同時，左手掌由右肘內側穿出後，隨著身體慢慢地轉動，起初是手掌心向裏，手指向上，高度大約與頭部平齊，在走完第五步的時候，手掌心剛好旋轉向著外面，左肘正好對著左膝。右手掌在左手掌穿出來的時候，從胸前旋轉向下，也隨著慢慢地轉動，手指旋轉向下，在走完第五步的時候，手掌心剛好旋轉向著偏左外方，兩掌根部是上下相對，位置在左膝前面。這時身體向著東方，眼睛看著左手掌的前方。（圖181～圖187）

圖 181

圖 182

圖 183

圖 184

圖 185

動作 2

緊接前面姿勢，身體重心放到左足上，並且將足踵轉

圖186

圖187

　動稍向內扣，腰部向右邊扭轉。進右步，落步的時候右足尖向右邊撇，兩足之間距離和步法與上一小節相同，唯有第一步是開右步，按循著「」弧線走轉。

　　當走完了第五步的時候，右足與左足平列，身體面向南方。在旋轉身體換步的同時，右手掌由左膝前面旋轉向上，初時手掌心向裏，手指向上，順著旋轉姿勢，右手掌慢慢轉動，當走完了第五步的時候，手掌心剛好旋轉向著外邊，右肘正對右膝；同時左手掌由上面旋轉向下，也隨著身體、步法，慢慢轉動，手指旋轉向下，在走完了第五步的時候，手掌心剛好旋轉向著偏右外方。兩掌根上下相對，位置在右膝前面。身體面向東方，眼睛看著右手掌的前方。（圖188～圖191）

圖188　　　　　　　圖189　　　　　　　圖190

圖191

動作3

　　緊接前面姿勢，身體重心放在右足上，腰部略向右邊扭轉，左足隨著姿勢轉移，接近右足內側。同時，兩手掌旋轉翻落於身體右側，成為俯掌，右手掌在前，左手掌在後，左手掌位置在右手撓骨側面，十個指頭都指向東方，高度大約與右脅平齊，並且有下按姿勢。

　　這時不可停頓，立即將身體向左邊扭轉，提起左足向東橫墊一步，落步的時候足尖向著東方偏北，身體重心立即移換到左足上；身體繼續向左邊扭轉，右足隨著姿勢向東方邁進一步，形成子午步。

圖192

圖193

在上述動作的同時，兩手掌一齊向下畫弧，手背朝裏，經過右腿外側，順著旋轉身體的慣性，畫弧向前上方。左手掌向上畫至左額的前方，曲臂如同半月形狀，手掌心向外，虎口向著東方；右手掌向上畫出，高度大約與胸部平齊，虎口向上，手指頭向著東方，右肘與右膝相對，兩手呈一斜坡。

這時身體面向東北方向，眼睛隨著手掌移動而轉移，最後注視右手掌的前方。（圖192～圖193）

動作4

承接前面姿勢，身體略微向右邊扭轉，右手掌由前方翻為仰掌，再彎曲回到胸前；同時左手掌從額頭前面成俯掌姿勢向東方擊出，左肘的位置在右手掌心上。左手掌由前面向下擊出後，立即彎曲回到胸前，翻轉成為仰掌；同

圖194

圖195

時右手掌由左肘內側穿出來，翻轉成俯掌向前刺出，右肘位置在左手掌心上。

腰部又略向左邊扭轉，兩手掌隨著姿勢向著身體左側向下畫弧，兩手背都向外，繼續畫弧向上舉起。左手掌由頭頂上繞出去，圓臂下肘，形成側掌，手掌心向外，向額頭前面推出去；同時右手掌從身體的左側撤回來，靠近小腹合位，小指頭在臍中穴，形成側仰掌。

在兩手掌畫弧的同時，身體重心完全放在右足上，隨著姿勢將左足提起來，彎曲左膝，左腳心向著右面，位置在右膝的前面，成為右腳獨立姿勢。這時要求頂頸、沉肩、圓背、吸腹。左手掌向前方推出，右手掌向後靠攏，使得上下相互制約，以增加穩固的程度。身體面向東方，眼睛向前方看去。（圖194～圖196）

圖196　　　　　　　　　圖197

動作5

　　緊接上面姿勢，左足向前橫踩一步，與右足形成錯綜八字步。落步時候左手掌由額頭前面翻滾落下，彎肘到胸前，成為側俯掌；同時右手掌由左肘內側仰掌向前偏右方磨旋轉披出來，到右角時候立即手腕旋翻，手掌向左邊撩撥，順著姿勢，彎曲回到胸前，形成俯掌。

　　左手翻轉成為仰掌，由右肘內側向前偏左方磨旋披出，到左角時候立即翻成側掌向右邊撩撥，隨著姿勢向後勒回來，手掌心朝裏；這時將右手手指搭在左手脈門上。在左手掌旋轉向左角的時候，身體重心移到右足上，左足向著正東方邁進一步，趁著雙手相互搭著勒回來的姿勢，立即向前擁擠發勁。身體面向東方微偏北，眼睛隨掌向前方看去。（圖197～圖199）

圖198

圖199

【拳譜】

　　裹胯磨脛八卦步，掌隨身轉步穩固。

　　行動步法柔蹚泥，走轉形如順水舟。

　　舉掌賽同風帆點，身如游龍飄欲仙。

　　腰似撐繩浩凌虛，秋風吹枝似掃葉。

【要領】

　　本架式的全部運動過程分為兩段，以上所述五個小節屬於前段，就是由西方到東方運行。

　　本架式的走轉有一定路線，全架式走轉路線為「8」字線，由四個弧形組成。前一段是按照正「S」形狀，後一段是按照反「S」形狀。

　　根據練習場所條件決定，若較寬長，可以走成橢圓形「S」形狀，如果地方比較狹短，也可走成圓形「S」形狀。跨步大小可以依據練習人的身材長短和架式的高低來

衡量，一般每步的距離在一尺二三寸左右，但是路線不能無規律，步距不能忽大忽小，要適當掌握，否則在操演完全套動作的時候，不容易回歸到起點。當然在技擊應用的時候則應例外，不能拘泥成法。

【小結】

本架式的步法與八卦掌有類似之處，要求裹胯磨脛，行步如同蹚泥，落步須穩固。手掌隨身旋轉，走轉形狀好像順水行舟，舉掌賽似風帆點點。在身法上來講，要求腰部似同擰繩，身體如同游龍飄飄欲仙，浩浩凌虛。在技擊上來講，包括閃避走轉、張弛蓄發、螺旋搓拔、推掠擁擠等法。總括來講，在運動的時候都要做到鬆淨俐落、柔綿不斷，狀如秋風掃去葉子向下落，由此命名。

動作6

承接上面姿勢。左足向內扣，身體重心移到左足上，腰部向右扭轉。兩手掌翻成俯掌，隨著腰部旋轉姿勢，由左向右水平磨旋，左手彎曲肘部到胸前。腰部又略微回扭向左邊，同時右手掌順著姿勢向下畫弧，旋腕部轉手掌，經過腹前到左肱內側穿出。右足隨著手掌穿出來也向前邁進一步，落地時候向右撇，與左足形成斜長形步，兩足的距離大約為一尺二三寸；到此右足落實，左足進步沿著弧線「⤻」分成五步走著轉，到第五步的時候右足走成與左足平列，步法與手掌都要隨著腰部擰旋。

到走完了第五步時，右手掌心轉向外邊，高度與頭部平齊；左手掌同時由胸前翻掌向下，隨著轉身慢慢轉動，

圖200

圖201

圖202

手掌心轉向外偏右，位置在右膝前面。轉動的法則，都與第一小節相同，所不同的是左右方向區別，前面是先開左步，而後面是先開右步。這時身體面向西方，眼睛跟著右手掌移動。（圖200～圖202）

動作7

連接上面姿勢，身體重心移到右足上，腰部向左邊扭轉，邁行左步。左手掌向上旋轉，右手掌向下轉去，循著「↖」弧線走著轉，姿勢動作完全與第一小節相同，唯有方向相反。這時身體面向南方，眼睛跟著左手掌移動。

動作8

接著前面的姿勢，身體重心在右足上，腰部略向右邊扭轉，左足隨著姿勢移近到右足內側，形成虛步。同時，兩手掌旋轉翻動，落在身體左側，都成俯掌，右手掌在前，左手掌在後，左手位置在右手撓骨的側面，高度與右脅平齊，十個指頭都向西方，並且有下按趨勢。這時不可間歇，身體向左扭旋，提起左足向西方橫墊一步，落步的時候足尖向著西方偏南，身體重心立即移換到左足上；腰部隨著左足墊步姿勢，繼續向左旋轉，右足也隨著姿勢向正西方邁進一步，形成子午步。

在上述動作的同時，兩手掌一齊向下畫弧，手背朝裏，經過右腿外側，順著旋轉身體的慣性，畫弧向前上方。左手掌上畫到左額的前方，曲臂如同半月形狀，手掌心向外，虎口向著西；右手掌向上畫，高度大約與胸部平齊，虎口向上，指頭向著西方，右肘與右膝相對，兩手呈一斜坡。這時身體向著西南方向，眼睛隨著手掌移動，最後注視右手掌的前方。（圖203～圖204）

動作9

緊接著上面姿勢，身體略微向右邊扭轉，右手掌由前方翻成仰掌，彎曲回到胸前；同時左手掌從額前成仰掌向西方擊出，左肘位置在右手掌心上。左手掌擊出之後，立即彎曲回到胸前，翻掌；同時右手掌由左肘內側穿出來，翻成俯掌向前磨削刺出，右肘位置在右手掌心上面。

圖203   圖204

　　腰部又略向左扭轉，兩手掌隨著姿勢向身體左側畫弧
落下，兩個手背都向外，繼續畫弧上舉。右手掌由頭頂繞
出，圓臂下肘，形成側掌，手掌心向外，在額頭前掛著；
同時左手掌撤回來靠近小腹，形成側仰掌，小指頭在臍中
穴。在兩手掌畫弧的同時，身體重心完全放在右足上，隨
著姿勢將左足提起來，彎曲左膝，左腳心向右方，位置在
右膝前，成為右足獨立姿勢。要求頂頸、沉肩、圓背、吸
腹。右手掌向前推出，左手掌向後靠，使得上下相互制
約，以達到增加穩定度的目的。

　　緊接前面姿勢不要停頓。將左足向西方邁出一步，胯
部略向下蹲，形成子午步。右手掌從額頭前滾動向下，手
掌心向上，位置在左肋前面；左手掌從右手掌心上面穿出
來向前刺出，形成仰掌。

　　身體略微向前面引長，但是要有後坐勁，虛領頂勁，

圖205

圖206

圖207

圖208

尾閭正中，左肘位置在左膝上方。這時身體面向西方偏北，眼睛注視左手掌的前方。（圖205～圖208）

【要領】

以上第六到第九節是本架式的後段動作，也就是從東邊返回西邊的動作，運動的要求和特點與第一到第五小節相同。

【拳譜】

> 寧神沉氣虛領拔，有正有偏有走旋。
>
> 有縱有橫有起伏，伸曲蓄發變無常。

【小結】

綜合本架式全部動作，難度較高，其中有縱有橫，有起有伏，有正有偏，有走有旋，伸曲蓄發，變易無常，必須多加練習。

運動的時候應該做到虛領挺拔、寧神沉氣。吳翼翬老師說：「氣由此而換，勢由此而歸偏也。」這裏就是八法中正偏轉換的地方。

第30式　燕子銜泥

【拳譜】

> 燕子銜泥一氣成，輕鬆圓活須敏捷。
>
> 手腳配合相呼應，上下相隨勤多練。

動作1

承接上面姿勢，身體腰部略向右邊扭轉，兩手掌順著姿勢畫弧向身體右側落下，十指向下，手背向外，繼續向後畫弧，從下而上到身體的右側前方畫一圓，左手掌在前，右手

掌在後，都成俯掌，十指向前，
高度大約與右胯平齊，並有向下
按的趨勢。

在兩手畫圓的同時，身體由
蹲著姿勢隨即升起來，右足上步
與左足形成犬牙交錯平列，右足
超過左足大約半腳，提起足踵，
用足尖踩勁，形成左實右虛狀
態。眼睛先隨著兩手掌畫圓，後
看著正西方向，身體面向西方。
（圖209）

圖209

動作2

接上面姿勢，右足尖旋轉使足跟向外展出，身體重心
移到右足上，足尖對著南方偏東；同時身體由左向後（即
東方）旋轉180°，左足尖旋轉向東方。在旋轉身體和轉步
的同時，右手掌往下略一按勁，順著勁提起左臂，隨著旋
轉姿勢向上畫弧，並且用反掌（仰掌）手指向前（即東
方）鞭出，位置大約與胸部平齊。同時，左足隨著鞭擊姿
勢邁出一小步，身體重心立即移到左足上；右足跟上一
步，兩腳幾乎並立。左足尖向著正東方，而右足尖向著南
方偏東，形成「＼／」形狀。這時身體重心右邊大於左邊。

在上右足的同時，右手掌心翻轉向上，由右胯前面向上
畫弧，越過右肩上方向前拍擊，曲臂下肘，形成俯掌，手掌
背部與右小臂水平，高度大約與右耳平齊，五指向前；同時

圖210   圖211

圖212

左手掌由前面彎曲回來成側仰掌，位置在肚臍部位。這時身體向上升起來，面向正東方，眼睛看著前方。（圖210～圖211）

動作3

緊接著上面姿勢，不可稍停。左足向前邁出一步，右手掌仍在原來位置；而左手掌隨著左足進步，從肚臍部位向東方直線刺出，仍為仰掌，高度大約與胸部平齊，左肘與左膝相對。兩手掌上下相對，形狀如同捧物，又若張口銜泥姿勢，故而得名。這時身體向東南方，眼睛看著左手掌的前方。（圖212）

【要領】

以上三個小節是一個整體，必須一氣呵成，中途不得有停滯。在初練本架式的時候確實有困難，常有斷斷續續的現象或生硬停滯的表現，以致手腳不能相呼應，上下不能相隨。應該多加鍛鍊，練久了能自然適應。

【小結】

本架式虛實變化較多，升降適宜，順其姿勢。技擊方面也比較複雜，其中包括長擊、鴛打、推掠等手法。要求旋轉敏捷、輕鬆圓活、不用拙勁，既有節奏而又不斷勁。

第31式　靈猿摘果

【拳譜】

輕靈敏捷似靈猿，身腰微擺不失中。

形字表現呈明顯，月光傳神逼真難。

動作1

承接上面姿勢，左足向內扣，身體重心移到左足上，腰部向右旋經過南面往西；右足略提起向右邊移撇，右足尖向西方偏北。

在旋轉身體和移步的同時，兩手掌一齊向後畫弧，右手掌從東方順著姿勢翻掌向下畫出，經過南面往西橫擊出，右手掌位置在右脅前、右胯上，形成仰掌；左手掌也隨後緊緊跟著，由東向上畫弧，向西方推掠，左手掌高度大約與肩部平齊，形成立掌，手掌心向西方偏北。這時身

圖213

體面向西方,並且向下蹲,眼睛注視左手掌的前方。(圖213)

動作2

連接前面姿勢,右足略微向內扣,身體重心移到右足上;腰部稍微向左扭轉,左足輕輕提起,沿著地平面蹉步,靠到右足踵內側,立即順著姿勢向左前方蹉出一步,形成左三角岔步。同時,右手掌從右胯上方向前用柳葉掌舒伸,手掌心斜向裏上方,高度與眉毛平齊;左手掌指頭搭在右手脈門上,協助右手掌向前上方刺勁。腰部微微向左邊擺動,拗頭向右邊看著右手掌。這一霎那間,右手掌側旋向左一撥,左手手指托住右手脈門。幾乎在同時,腰部微微向右方擺動,拗頸向左邊看著右手掌。

緊接上面姿勢,不可呈現出停滯狀態,身體重心移到左足上;輕輕提起右足,沿著地平面蹉步,靠近左足內側,立即將腰部微向右邊扭轉,右足順著姿勢向右前方蹉出一步,形成右三角岔步。

同時,右手掌旋轉向下,左手掌向外旋、向內裏,由右腕下穿出來,再向前上方用柳葉掌舒伸,手掌心斜著向裏上方,高度與眉毛平齊;這時右手手指搭在左手脈門上,協助左手掌向前上方刺勁。腰部微微向右邊擺動,拗頸向左邊看著左手掌。這一霎那間,左手掌側旋向右邊一

圖214 圖215

撥，右手指頭托住左手脈門。幾乎同時，腰部微微向左邊
擺動，拗頸看著左手掌。（圖214～圖215）

動作3

緊接前面姿勢，身體重心仍然放在左腿上，腰部向左
扭向西南方。趁著扭轉姿勢身體略微上升，右足略微提起
來向左前方移動，足尖內扣，與左足成為倒八字步。同
時，右手掌循著左手掌背部擦出，右手在前，左手在後，
都形成俯掌，皆為柳葉掌，兩臂舒伸向著西南方上角推
掠，隨即向下採捌，如同攀枝、摘果形狀。

推掠時身體略微上升引長，但是有後坐勁；採捌的時
候身體略向下蹲，頭要向上頂勁，這樣一伸一縮，前後互
相制約。這時，兩手掌位置在右胯前面，右手在前，左手
在後，都為俯掌。身體面向南方偏西，眼睛注視南方。

圖216

（圖216）

【要領】

本架式的各種動作，要求一氣呵成，不可中斷。在八法中「形」字法較為明顯，當然八法是一個整體，其餘七法不能偏廢。從象形方面來講，有撩撥、窺望、採摘等姿勢。在動作要求方面來講，要做到行動輕靈敏捷，特別是兩眼要能起到先鋒作用，因為目光能夠傳神，姿勢才能逼真。步法採用三角岔步，取其快速活潑的特點。腰部微微擺動，目的是使其平衡守中。

本架式操作實屬不易，必須勤習勤練。

第32式　猛虎回頭

【拳譜】

神形清靈定靜通，頂如繩懸尾閭中。

開合升降化象虛，呼吸自然全放鬆。

動作

緊接前面架式。身體重心移到右足上，腰部慢慢地向左旋轉向東。左足隨著姿勢沿地平面畫弧向後退，退到與右足平行為止，足尖朝著正東方；右足踵旋轉調整，使得

足尖也向著東方。這時兩膝下蹲，形成騎乘姿勢，兩腳間的距離與肩寬相同。

在以上動作的同時，兩手掌由右胯前面，十指下垂，手掌向外，隨著身體旋轉姿勢畫向正東方，兩手掌位置在兩膝前面。然後漸漸起立，兩手掌心貼在兩胯處。這時身體面向正東方，眼睛最初隨著旋轉身體的方向移動，最後凝視前方（即東方）。（圖217）

圖217

【拳譜】

　　勤極而靜定，靜定則意專。

　　意專則氣行，氣行則神凝。

【要領】

本架式要求頂如繩懸，尾閭中正，呼吸自然，全體放鬆。在姿勢上來講，勢如坐虎，形如靈犀。本架式雖然動中歸靜，意仍不斷。所謂開合升降，化象虛空，神形清靈，動定靜通，是六合之通理。

第33式　旋轉乾坤

【拳譜】

　　從新起勢逆畫圈，上體緊張氣易滯。

　　有正有倚有陰陽，有升有降有開合。

有剛有柔有虛實，氣機交換順逆轉。

重畫圓環調節氣，拳勢變化法無邊。

動作

承接前式，身體的位置仍舊向著正東方不變，兩手掌由兩胯前面平行畫弧，向著右上方提起，畫到身體右側時，左手掌心旋轉翻向外邊，眼睛隨著手的旋轉而移動，拗頸看著右邊。兩手掌繼續向上旋轉，經過面前時，手掌心旋轉向外，眼睛隨著手的旋轉而移動。再向著左方旋轉而下，到左側時，右手掌心旋轉翻向內，拗頸看著左邊。

不許停頓地繼續向下旋轉，到胯前時，兩手掌心都向著裏面，眼睛平視前方。以上旋轉運動，恰好畫一個完整的圓。

依據上述動作，可以連續再畫一圈或數圈，由練習者自行決定，到全套演習熟練的時候，畫一個圓就可以了。（圖218～圖220）

【要領】

本架式是後半套的起勢動作。畫圓有順有逆，前半套的起式裏有一個順畫圓「⌒」，而在本架式則是逆畫圓「⌒」。

初學時，每每會產生上體過度緊張，氣流不暢（即氣滯），重新畫一個圓，能夠起到調節呼吸及其循環的作用。動作變化無窮無盡，有正有倚，有陰有陽，有升有降，有開有合，有剛有柔，有虛有實，順逆轉換，也可以將氣機交換。練習者應該細心觀察體會。

圖218　　　　　　圖219　　　　　　圖220

第34式　風擺荷葉

【拳譜】

水中荷葉隨風擺，忽左忽右相轉旋。

勁出在橫橫格直，柔勁而韌勢輕穩。

動作1

承接上面架式，腰部向著右邊扭轉，兩手掌平行由兩胯前向上畫弧，到右側時，右手掌心向外，肘要沉，形成側掌，手指頭指向南方，高度大約與肩部平齊；左手掌向上畫到胸前，圍臂懷抱，手掌心向內，手指頭也指向南方。在扭轉身體畫掌的同時，身體重心移到右足上，腰部向左旋轉；左足略向上提起，足尖向外撇，轉90°落地踏

圖221

圖222

實，足尖向著正北方向，身體重心左邊大於右邊，兩腳之間距離大約與肩寬相同。

左手掌心翻向外偏向下，兩手掌隨著身體旋轉的慣性由右側水平畫弧（左捋）到左側，左手掌心立即翻向外，肘要沉，形成側掌，手指頭向西方，高度大約與肩部平齊；右手掌向左畫到胸前，圍臂懷抱，手掌心向內，手指頭也指向西方。這時身體朝著正北方向，眼睛先隨手掌移動，然後拗頭注視左手掌的前方（圖221～圖222）。

動作2

緊接著前面姿勢，身體重心放在左足上，腰部向右轉90°；右足略微提起，向右邊移動，足尖向外撇，落地時足尖對著東南方；左足隨著姿勢調整，略微向內扣（以得力為標準）。

在身體上步右轉的同時，右
手掌心翻向外邊偏下方，兩手掌
隨著身體旋轉的慣性，由左側水
平畫弧（右捋）到右側，右手掌
向外邊偏下方，肘要沉，形成側
掌，手指頭指向南方，高度略低
於肩部；左手掌由右邊畫到胸
前，圍臂環抱，手掌心向內，手
指頭也指向南方。這時身體面向
東方略偏南，眼睛先隨著手掌移
動，然後注視左手掌的前方。（圖223）

圖223

第35式　掩手衝拳

【拳譜】

　　左掌變拳滾裏勁，右掌變拳螺途勁。

　　外要鬆柔內剛勁，上頂中座下踩勁。

動作

　　緊接上式，身體重心移到右足上，腰部向右邊略微扭
轉；左足向著正東方邁進一步，形成子午步。同時，左手掌
順著姿勢握成拳頭，拳心滾翻向下，位置在左肋前面；右手
掌向外旋轉向內裏，隨著姿勢握成拳頭，由右肋旁邊向前面
衝擊出去，拳眼向上，右肘位置在左拳背上。這時身體面向
東方偏南，眼睛注視右拳前方。（圖224～圖225）

圖224　　　　　　　　　　圖225

【要領】

　　本架式的動作要緊跟上式，不可以中間斷續。動作要上下一致，右拳向前方擊出時，身體略微引長而右肩要有撤勁，拳眼與右小臂要求保持水平。左手掌形成拳頭時要求有滾裹勁，右手掌形成拳頭時要求有螺旋勁。

　　勁勢要從後腳跟到腰、到脊、到肩、到臂、到腕、到拳依次序推出來，上有頂勁，中有坐勁，下有踩勁。操作時應該注意，身體有角度而不是平面，外形要鬆柔而內裏要剛正。這式演習過程雖然簡單，但是要求恰為嚴格。

第36式　琵琶遮面

【拳譜】

　　琵琶遮面架式難，細瑣動作多且繁。

　　左遮面來右遮面，旋轉靈敏柔順感。

動作 1

承接前式，兩腿在原來位置不變。腰部略向右擰，兩拳鬆開變成掌，翻成左手掌心向上，右手掌心向下，成為交叉形。左手掌沿著右小臂斜向前面偏左方向撩出，位置在左面頰前一尺左右，五指向上，肘要垂，左手成仰掌，與肘凹成一斜梯形；在左手掌披出的同

圖 226

時，腰部略微向左擰扭，右手掌向後撤，位置在左肘內側，形成俯掌，兩手掌互相爭力。這時身體面向東方略偏南，眼睛看著左手掌的前面方向。（圖 226）

動作 2

承接前面姿勢，腰部略微扭轉向右，左手掌心轉向南方，形成立掌；同時右手掌由左肘旁邊向上提起，手掌心轉向南方，形成側掌，位置在右面頰前。兩手虎口相對，左手掌小指及腕關節微向東方頂勁，右手掌向後帶勁。

這時腰部微向左擰扭，左手掌心微向下，形成側掌；右手掌向外旋轉向內繞，形成仰掌，從左肘旁邊穿出。兩手臂成交叉形狀，左在上，右在下。同時，左足踵轉向內扣，足尖對著西南方，身體重心移在左足上，腰部向右旋180°，右足足尖轉向西方。

圖227

圖228

在旋轉身體過程中，兩手掌也向著西方，右手掌向西方前面撩出去，位置在右面頰前一尺左右，五指向上，肘要垂，右手形成仰掌，與肘凹成一斜梯形；在右手掌撩出的同時，腰部略微向右邊擰，左手掌向左分，位置在右肘旁邊，形成俯掌，兩個手掌互相爭力。這時身體面向西方略偏南，眼睛最初隨著兩手掌運動而移動，最後看著右手掌的前方。（圖227～圖228）

【要領】

以上兩小節在操作上要用工夫多加練習，其中細瑣動作較多，不是一日之功可以練成的。要求旋轉靈敏，柔順合節。

從象形而言，第一小節是左遮面，第二小節開始是銜接動作，最後是右遮面姿勢，所以有「琵琶遮面」之名。

第37式　流星趕月

【拳譜】

流星趕月一氣成，左右畫環三百六。

迂迴旋轉無斷續，猶如隕石劃太空。

動作1

承接前式，右足向內扣，身體重心移到右足上，腰部向左旋轉至面向北方，右足向左旋；左足略微提起向左後撒，落步的時候左足尖向著正北；右足趁著左足左撒踏實，也向著正北方向與左足平列虛步，兩腳相距與肩寬相等。順著向左邊旋轉身體的慣性作用，兩手掌水平畫弧，按「西方→南方→東方→北方→西方」的線路畫一個360°平圓，這時左手手指朝著正西方向，肘要沉，高度大約在肩部以下、乳線以上範圍；右手掌則彎曲肘部，圍臂懷抱，手指也向著正西方向，兩手掌都成俯掌。

身體面向正北方，眼睛開始是隨著兩手掌移動，隨後拗頸向著西方看去。（圖229～圖230）

動作2

緊接上面姿勢，腰部向右旋轉，右足微提起，足尖向著東方偏南外撒橫移一步，落步時身體重心立即移到右足上，腰部繼續向右轉；同時左足隨著旋轉姿勢向右邊邁步，落地時足尖內扣，方向為南方略偏西，位置距離右足

圖229   圖230

尖大約七八寸，成為倒丁字步。

　　在以上各個動作的同時，左手掌在右臂上面向右畫弧；右手掌則從左腋下穿出來，循著左臂下方也向右畫弧。兩手掌原來都是俯掌，在旋轉身體畫弧的動作過程中緩慢地轉動手掌，直到左足扣成倒丁字步時，右手掌領先穿在前面，左手掌位置在右手腕內側，兩手掌同時翻成仰掌。這時腰部繼續向西旋轉，身體重心移到左足上；右足踮起來，足尖旋轉向西，成丁虛步。

　　胯部略微上升，兩手掌隨著姿勢上掀，同時旋轉成俯掌，右足立即向西墊出半步，形成半八字步，兩手掌隨著姿勢向前方推出下挫，同時胯部略向下蹲去，並且有前探引長的姿勢，但是左腿與腰部都有著向下坐的勁勢。這時身體面向西方略偏南，眼睛開始隨著兩手掌移動，最後看著左手掌的前方。（圖231）

【要領】

本架式的運動和使用，必須連成一氣，向左右畫圓都是 360° 迂迴旋轉，不得使其有斷有續。勁勢以橫勁為主，輔以螺旋、鈎沉等勁。旋轉時，撐腰要求靈活，椿步要求穩固。

從象形上來說，因速度較快，猶如隕石劃破天空，故有「流星趕月」之名。

圖231

第38式　燕子斜飛

【拳譜】

燕子斜飛肩鬆垂，兩肘下沉膝相對。

雙肩爭力兩頭勁，眼似電閃神不露。

動作1

承接上式，腰部略微向右扭，兩手掌轉成側掌，手掌心相對，右手在前，左手在後，手指併攏成柳葉掌。身體略呈前探姿勢，左手掌沿著右手虎口上方向西用側掌刺出。這時身體面向西方微偏北，兩眼看著左手掌的前方。（圖232）

圖232

圖233

動作2

　　緊接上面姿勢，身體重心仍舊放在左足上，並且將足尖向北方略偏西內扣。腰部向右扭轉，隨著扭轉姿勢將右足抬起來，高度不超過左膝蓋，立即向著東北角下踩。在旋身抬足的同時，右手掌由左手腕下方曲肘，沿著胸前乳線捋回，並且隨著右步踩下，兩手掌心都向外，用柳葉掌舒伸掠刺，隨著腰勁左右晃動，首先右手掌向著右邊東北方向刺，然後左手掌向左邊西南方向刺（雖有先後之分，看起來幾乎同時），右手掌高度大約與肩部平齊，左手掌高度大約與胸部乳線平齊，兩臂形成一條斜直線。這時身體旋轉向著西北，眼睛隨著手掌運動，右晃看著右方，左晃看著左方。（圖233）

【要領】

本架式的動作要求兩肩要鬆垂，兩肘要下沉，肘膝要相對應，即使在晃動時候，也不宜過分超越位置，腰部在晃動時不應該呈現出身體與肩部的搖擺。雙臂向左右分別爭力的姿勢，在武術稱為「兩頭勁」，關鍵在於腰部有晃勁，眼睛如同閃電，這樣才能夠突出精神。

本架式也可用進左步的形式來操演，其動作是身體重心先移到右足上，前進左步，身體重心又移到左足上，其他動作都與上述相同。

第39式　丹鳳朝陽

【拳譜】

丹鳳朝陽式簡純，操演姿勢嚴要求。

虛領頂勁脊椎拔，腰塌髖膨尾閭中。

全體鬆開意集中，腳底生根三尺深。

兩掌上托下按勢，形狀挺拔似蒼松。

動作

承接上式，右足稍向前面移動，足尖向著西北方向內扣，身體重心放在右足上，腰部向左扭並且挺直；左足隨著身體上升姿勢收回半步，足尖點地，形成丁虛步。同時，右手掌向後畫弧並上舉，由頭頂上繞到正額前面推託，手掌心向上偏前面，右手臂彎曲如同半月狀；腰部向左扭向西方，並且將左手掌彎曲回來，手掌心翻轉向下，

虎口向內，向下方按勁，位置在小腹前面。兩手掌形成覆仰相對。這時身體面向正西，兩個眼睛向著前面平行看去。（圖234）

圖234

【要領】

本架式的動作較為簡單，但是姿勢的要求是嚴格的，必須虛領頂勁，脊椎挺拔，腰塌髖膨，尾閭正中，寬胸實腹，腿足如根，兩個手掌要有上托下按的勁勢，並且互相制約，神意集中，全體鬆開。從姿勢上來看，形狀如同蒼松一樣挺拔。

第40式　翻江攪海

【拳譜】

翻江攪海象形來，升降浮沉似水浪。

洶湧澎湃雄偉勢，上擎下截似正斜。

雙臂交錯渾身勁，形若擂鼓狀扯鈴。

左右拉成弧圓形，左旋樁步不斷勁。

動作1

緊接前面架式，身體重心仍然放在右足上，腰部由上升姿勢慢慢下降。在曲膝蹲身的同時，右手掌由額前翻旋

圖235

圖236

向下按，曲肘到胸前；同時左手掌由小腹前面轉動手掌向上提起，從右臂內側穿出，手掌心向上，五指指向前面。

　　然後腰部向右扭轉，兩手掌同時隨著身體扭轉姿勢向後畫弧，再旋轉向上。

　　接著腰部向左邊扭轉，左足輕微提起，順著姿勢向前偏左邊邁出半步，身體重心右邊大於左邊。

　　同時，左手掌從右胸乳線前面翻為俯掌，向前左下方摟去，位置在左膝部上方；右手掌也順著姿勢從右肩上面用螺旋形狀推出，形成立掌，肘部要沉，五指之間要有縫隙，先是手掌心向內凹，後是手掌心向外壓，勁在兩印（大小魚際）。

　　這時身體面向西方略偏南，眼睛看著右手掌的前方。（圖235～圖236）

圖237

動作2

緊接前面姿勢，身體重心移到左足上，腰部略向左扭轉，身體由下蹲姿勢上升；右足隨著挺身的姿勢輕微提起，沿著地平面向左前方用足尖扣踢，然後足尖點地，形成倒八字虛步。同時，左手掌由左膝上方側掌畫弧上挑，掌心斜向裏，手指頭朝上，高度與頭部平齊，位置在左肩部上方；在前方的右手掌往下方劈截，高度大約與襠平齊，手掌心斜向外，手指頭朝下。兩臂左上右下，成為一條斜線。

這時身體面向西南方向，眼睛看著前方。（圖237）

動作3

緊接前面姿勢，右足踏實略向內扣，身體重心移到右足上，腰部略向左扭轉；左足提起足踵，用足尖點著地面，撤向西方，形成丁虛步。同時右手掌由襠前畫弧向上方挑出，手掌心斜向外，手指頭向上，高度與頭平齊，位置在右肩上方；左手掌由左肩部上方畫弧，向左下方劈截，手掌心向裏，五指向下，位置在左腿外側。兩臂是右上左下，形成一條斜線。

這時身體面向南方偏東，眼睛向東方看去。（圖238）

【要領】

本架式有著波浪形狀的動作，升降浮沉，洶湧澎湃，故有「翻江攪海」之名。它的姿勢似斜，上掣下截，雙臂交錯，勁出渾身，形像擂鼓，形如扯鈴，好比乒乓球左拉弧線的打法。值得注意的是，本架式的操作並不簡單，尤其是左旋身的時候，樁步不易穩固，也常有斷勁的弊病，所以應該多加鍛鍊。

圖238

第41式　倒騎龍背

【拳譜】

倒騎龍背屬下盤，身體似有左傾勢。

左掌前推右掌掩，虛領頂勁肩髖平。

動作

緊接上式，腰部向左扭轉面向東方微偏北，身體下蹲，順著姿勢將左足提起向左前方跨出一步，落地時足尖向東北方；右足調整內扣，其程度以得力為標準。同時，左手掌從左腿外側向後上方提起，越過左肩上方向外推出，形成側掌，手掌心向前，位置在左額前方；右手掌從右肩上方旋腕轉掌向下撩，五指向前，位置在小腹前面。

圖239

身體略呈向左方引長的姿勢，右腿向下坐勁。

這時身體面向東方微偏北，眼睛先看左邊，後隨右手掌向前方平行看去。(圖239)

【要領】

本架式的動作是由前式連貫而來的，在操演的時候，雖然有著架式的分界，但是要求連貫一氣。

本架式比較低，屬於後腿做90°彎曲的下盤動作，身體似有左傾的趨勢，要求虛領頂勁，肩和髖都保持水平，後腿有下坐勁。左手掌向前方推進，右手掌向下方掩去，力量要求均勻。

第42式　狸貓撲蝶

【拳譜】

狸貓撲蝶要求嚴，名稱取來出於形。

兩掌渦漩爪探物，意氣相連神清靈。

動作1

承接上式，身體重心移到左足上，腰部向右擰；右足輕輕提起，移到接近左足的內側，隨著向右擰的姿勢向東

圖240

圖241

南方向邁出一步，落步時足跟先著地，接著全足底落地，步型是三角岔步。

在擰身邁步的同時，右手掌曲腕向內扣，形成柳葉俯掌，右手拇指根節正對著肚臍前方，大約距離一尺二三寸；左手掌外繞內裹，手腕旋轉一個小渦漩，形成柳葉仰掌，手指朝前，由左上從右手掌背上向東方刺出。這時兩手背相互重疊，形成「X」形。

身體略向前俯，面向東方偏南，左腿向下坐勁。眼睛隨著左手掌移動，最後注視前面方向。（圖240～圖241）

動作2

緊接著前面姿勢，身體重心移到右足上，右足稍向內扣，腰部向左擰；左足輕輕提起，移到接近右足內側，隨著向左擰的姿勢，向東北方向邁出一步，落步時足跟先著

圖242

圖243

地，接著全足底落地，步型是三角岔步。

在擰身邁步的同時，左手掌向內翻成柳葉側俯掌，左手大拇指根節正對著肚臍前面，大約距離一尺二三寸；右手掌從左手腕下面抽起來，向右上方畫弧，高度與右肩平齊，一邊畫一邊將手掌外繞內裹，手腕旋轉小渦漩形成柳葉仰掌，隨著姿勢由右肩上方斜經過左手掌背上向前刺出。這時兩手掌背部相互重疊，形成「X」形。

身體略向前俯，面向東方偏北，右腿向下坐勁。眼睛隨著右手掌移動，最後注視前面方向。（圖242～圖243）

【要領】

本架式在操演的時候要求比較嚴格，必須神態清靈，意氣相連，兩腿彎曲，行步如同貓行，兩手掌渦漩抽刺，如同爪子探物，這也是名稱的由來。

應該注意的是手掌、步法與眼神的一致性，腰部擰旋

柔順輕鬆，身體要前俯而後腿要向下坐勁，只有虛領頂勁才能使氣自然下沉。切忌臀部向外突出。

第43式　抽樑換柱

【拳譜】

　　抽樑換柱撐腰繁，兩掌旋動不露痕。

　　鬆裏有緊柔寓剛，有順有逆有縱橫。

動作1

　　承接上式，身體重心移到左足上，腰部扭撐向右，並且略微升起；順著姿勢上右足一步，足尖向著東南方向。同時左手掌隨著身體上升姿勢，由右手下抽出向上提起；右手掌也隨著向上提起，兩臂各向兩側舒伸纏繞，兩手腕部旋轉，姿勢如同撐繩。在這過程中，兩手掌都轉為左側掌，十指都向左方，手掌心向外。

　　接著腰部略向左邊扭轉，身體重心移到右足上，右手掌向右邊繞到胸前時，形成俯掌；左手掌則從下方畫弧經過左膝向上，與右手掌合攏，右手指頭虛搭在左手脈門上。同時左足向左前方邁出一步，足尖向東方偏北，腰部也向左微微扭轉，並且略向下蹲去。

　　這時兩手掌順著姿勢朝左方平旋披出，然後腰部向右邊扭轉，兩手掌分開，手掌心向外，由左邊經過臉部向右邊畫一弧圈。身體面向東方微偏北，並且略微引長。眼睛隨著兩手掌轉動，最後拗頸看著左手掌。（圖244～圖

圖244

圖245

246）

動作2

圖246

　　緊接上面姿勢，身體重心移到左足上，腰部略向右扭轉，並且稍微升起；右足向前邁出一步，足尖朝著東方偏南。同時左手掌曲肘向懷中抱去，形成俯掌；右手掌則往下畫弧，經過右膝前方向上提起，翻轉成為仰掌，由左肱向上旋出。這時左手指頭虛搭在右手脈門上，隨著右步邁進的方向平面旋轉披出。腰部也隨著略向下蹲，並且作引長姿勢。然後兩手掌分開，手掌心都向外，由右方經過臉部

圖247

圖248

往左邊畫一弧圈。身體面向東方微
偏北，眼睛隨著手掌旋動而移動。

　　接著身體的重心移到右足上，
腰部向右扭轉，右手掌順著姿勢，
手腕轉一個螺旋小圈，翻成俯掌，
五指向前，臂要舒伸，肘部要沉，
高度與鼻尖平齊，位置在右肩部上
方；同時左手掌向外旋向下繞，位
置在左肋部側面，形成仰掌。同
時，提起左足從右足內側向正東方
向直邁出一步，形成子午步。左手

圖249

掌從肋部側面向前方掠出，兩手掌右上左下，覆仰相對，
如同捧物形狀。這時身體面向東南方向，眼睛看著正東方
向。（圖247～圖249）

【要領】

本架式的動作必須一氣呵成，擰腰的動作較多，兩手掌順向與逆向的旋動要循著其姿勢，又要不露棱痕，柔綿如同擰繩，蜿蜒似如蛇蠕。

在氣質上講，要鬆裏有緊，柔中寓剛，有順有逆，有縱有橫。在李東風拳訣中有：「欲鬆似非鬆，欲緊未著力，運使求均衡，螺旋循環氣。」特此摘錄作為參考。

第44式　風捲殘雲

【拳譜】

> 旋風捲席空中旗，盤旋飛舞掌若輪。
>
> 圓活鬆滿珠走盤，勁若泥團上下隨。
>
> 中間連續不許斷，手足身腰應一致。
>
> 若踏雲霧履薄冰，凝神空意氣丹田。

動作1

承接上式，身體的重心移到左足上，極力將足踵轉向內扣，腰部向右後方旋轉；右足略微提起向右撇向西方偏北。同時，右手掌連同手臂畫弧向後反擊；左手掌順著旋轉身體的姿勢畫弧向上，越過左肩上方，再向西方擊出。這時腰部再向右邊扭轉，身體的重心移到右足上，同時右手掌向右側畫弧旋轉向上，手掌心向外，位置在右耳旁邊；左手掌曲肘畫回到右邊胸前，手掌心向內。這時左足輕微提起，移到右足內側，腰部向左扭轉，左足隨著姿勢

圖250　　　　　　　　　　圖251

向西方略微偏南邁出一步。

　　左手掌從左邊胸前向左下方摟，畫到左膝蓋上方，形成俯掌；同時，右手掌從右肩上方向前螺旋形推出，形成立掌，虎口對著鼻尖。這時身體面向西方微偏南，眼睛看著前面方向。（圖250～圖251）

　　【拳譜】

　　　　反身畫弧為鞭擊，右掌前推肩微撤。

　　　　左掌摟畫後腳蹬，兩相爭力方得均。

　　【要領】

　　　這一小節是前面架式和本架式的銜接動作，反身畫弧作鞭子擊出，右手掌用掌背，左手掌用掌心，右手掌向前面推進，右肩微撤，左手掌摟畫，後腳向下蹬，兩邊相互爭力方能均衡，腳步適當調正，以得勢得力為標準。

　　本架式的隨後動作中，除了最末一個動作是連接下一

圖252

個架式的過渡動作之外，整個架式分為五步組成，其中走轉動作連續不斷。

為了使初習者能明瞭動作過程，以下分解開來敘述。

動作2

第一步，承接上面姿勢，身體重心移到左足上，腰部向右扭轉；上右步，足尖向著西北方。

同時右手掌翻落，曲肘形成俯掌，位置平放在胸前右膝上方；左手掌從左膝上方提起，到右肱下方穿出，兩手掌成一平面的「X」形狀，都為俯掌。這時身體面向西北方，眼睛向前面平行看去。（圖252）

動作3

第二步，承接上面姿勢，身體重心移到右足上，腰部向左扭轉。輕輕提起左足，循著右足的內側，沿弧形邁進一步，落步時與右足形成錯綜八字步。同時，兩手掌交叉向上舉起，先成豎「X」字形，上舉到與眉毛平齊的時候，兩手掌分開成「Ⅱ」形狀，手掌心都向外。這時身體面向南方偏西，眼睛隨著手掌移動。（圖253）

動作4

第三步，承接上面姿勢，身體重心移到左足上，腰部

圖253　　　　　　　　　　　　圖254

向左邊旋轉；右足邁進一步，落地時要裹胯扣足，形成倒
丁步。同時，兩手掌向上提起，手掌心朝天，隨著旋轉的
姿勢畫弧，向上繞過頭頂一圈。

　　這時身體面向東方略偏南，眼睛隨著旋轉身體的方向
移動。（圖254）

動作5

　　第四步，承接上面姿勢，身體重心移到右足上，腰部
繼續向左扭轉；撇左步，落步時左足尖略向內扣，使足尖
朝著正北方向。

　　兩手掌隨著旋轉姿勢由頭頂向下繞出來，右手臂的高
度大約與肩部平齊，位置在右肩側面，肘部垂沉，手掌心
向外，形成側掌，手指頭指向東方；同時左手掌向下繞到
胸前，手掌心向外，形成側掌，手指頭也指向東。

圖 255

這時身體面向北方偏東，眼睛看著右手掌的前方。（圖255）

動作6

第五步，承接上面姿勢，身體重心移到左足上，腰部旋轉向著正北方；右足隨著上一步與左足平行排列，足尖也是向著北方。

身體重心左大於右，兩腳中間的寬度大約比肩部稍寬。同時，兩手掌順著姿勢由右到左平行畫弧，到左側時，左手臂的高度大約與左肩平齊，手指頭指向西方，手掌心向裏。左手拇指向下，左肘不宜向上翻；右手掌畫到胸前時，曲肘向懷裏抱，手指頭也指向西方，手掌心也向裏。

這時身體重心立即移到右足上，面向正北方，眼睛看著左手掌的前方。（圖256）

動作7

承接上面姿勢，左足向內扣，身體重心移到左足上，腰部向右旋轉，面向東方；右足輕輕提起，足尖向外撇向東方偏南，向旁邊移動數寸，形成虛步，兩腿稍向下蹲。同時，右手掌和臂順著姿勢向東方移動，位置仍舊在胸前，手掌心仍然向裏，仍然是側掌；左手掌向外旋轉再向內繞，將手指搭在右手脈門上，隨著旋轉身體的姿勢向東

圖256

圖257

方擠搠。眼睛隨著左手掌移動。（圖257）

【要領】

本架式在運動中不得有斷續現象，必須一氣呵成，做到上下相隨，手足、身體、腰部的動作要求完全一致。內部要求凝神空意，氣沉丹田，勁若團泥；外形要求圓活鬆滿，如珠走盤。特別要體會八法中的「隨」字法，即「圓通策應」。

從身法上來講，猶如空中飄旗，旋風捲席；在步法上講，若踏雲霧，如履薄冰；在手法上講，盤旋飛舞，掌若車輪。

本架式的走轉路線是循著橢圓形或圓形路線進行的，按照場地的長短大小酌情決定，如果是寬長的可走成橢圓形「」，狹短的可走成360°正圓形「∪」。但是要求步長適當，在演完整套動作的時候，不能因為上述走轉路線的

關係，無法歸復到起點位置上來。

第45式　蟄龍現身

【拳譜】

　　鬆肩沉肘頭頂勁，寬胸拔背足踩勁。

　　實裏含虛虛中實，兩腿蹲挺如掀波。

動作1

　　承接上式，身體重心在左足上，腰部微向左扭轉，且稍微向上升起；順著姿勢將右足稍向後移，足尖點地。同時，左手掌向上挑掣，大拇指向上，其餘四個指尖都指向前方，手掌心向右，高度大約與額部平齊，肘部要沉；右手掌在胸前形成俯掌向下按去，位置在腹前，五指向前。兩手掌上掀下按相互制約。

　　這時身體面向東方略偏北，眼睛看著正東的前方。（圖258）

圖258

動作2

　　承接前面姿勢，腰部稍微向右扭轉，左手掌轉動腕部形成俯掌，向前下方掩去，順著姿勢曲肘翻成仰掌，彎曲回到胸前；同時，右手掌從腹前向右後方向上

畫弧，經右肩旁邊向前下方舒伸擊出，五指向前，有掠刺勁，右肘部的位置在左手掌心上方。

接著腰部向右邊稍微扭轉，順著姿勢將右足在前面的虛步向後撤回一步，落步時足尖朝著東南方向，身體重心立即轉移到右足；將左足踵轉動調正，使足尖向著正東方向，前後足跟相對，形成子午步。

在退右步的同時，右手掌向上掀，五指向前，形成俯掌，肘部下垂，其高度大約與眉毛平齊；左手掌由胸部舒伸向前推出，形成立掌，肘部要沉，高度大約與胸部平齊，左肘與左膝相對。兩個手掌向前伸出向上撤，以保持身體平衡。這時身體面向東方偏南，眼睛看著正東的前方。（圖259～圖261）

【要領】

本架式要求頭有頂勁，足有踩勁，肩部要鬆，肘部要

圖259

圖260

圖261

沉，胸部要寬，背部要拔，虛中有實，實裏含虛，兩腿蹲挺，姿勢如掀波。

上述動作是退步姿勢，如果場地所限或者形勢上需要，也可用進步姿勢。其動作方法是：右腳原來是虛步，可將身體重心移到右足上，踏實右足踵轉移向外撤，使足尖向著東南方向；左足隨即由後面經過右足內側向前邁進一步，足尖向著正東方。其他如身體、腰部、手掌、指頭、步型仍舊與退步姿勢相同。

第46式　烏龍擺尾

【拳譜】

烏龍擺尾較複雜，連綿不斷一氣成。

不尚拙力神輕靈，初學尤須多練習。

動作1

承接上式，左足極力轉動足踵，內扣轉向後面，身體重心移到左足上，腰部向右轉向正西方；右足略向右邊撤，足尖向西北方，身體重心立即移到右足上；左足在後面輕輕提起，移動到右足內側，再向西方偏南邁進一步。同時，右手掌從上向右畫弧再向下去，彎曲臂部，手成為

圖262

圖263

俯掌，位置在胯部的右側前方；
左手掌由胸前下面旋轉畫弧，經
過髖部左外側，翻動手掌向上，
並向左上角撩雲，手掌心斜向
上，虎口朝南，肘部要垂，手掌
的高度與左肩平齊。

　　左手掌向上撩，應與左足出
步同時，左肘與左膝相對。這時
身體面向西南方，眼睛看著左手
掌方向。（圖262～圖264）

圖264

【拳譜】

　　海濤翻騰掌雲擺，橫踢游魚若掉尾。

　　施動功夫在足腿，扭擰全憑腰與胯。

圖265

動作 2

緊接著前面姿勢，身體重心移到左足上，腰部向右扭；右足輕輕提起，經過左足內側向西方偏北邁出一步。

同時，右手掌從胯前右側旋轉手腕翻成仰掌，向上提起畫弧，經過胸前再向右上角撩雲，手掌心斜向上，虎口對著北方，肘要垂，手掌的高度與右肩平齊（右手掌上撩應與右足出步在同一時間）。

右肘與右膝相對。同時，左手掌從左上角畫弧翻轉下落，位置在胯前左側，形成俯掌。這時身體面向西北方向，眼睛隨著右手掌移動。（圖265）

【拳譜】

操練不宜左右斜，身體正直須守中。

神意氣力集為一，升降開合在其中。

動作 3

緊接著前面姿勢，兩腳仍在原來位置上，腰部扭擰向左。左手掌隨著姿勢從胯前左側向上翻，畫弧經過胸前，向著左邊上角撩雲，手掌心斜向上，虎口朝南，肘部要垂，手掌的高度與左肩平齊；右手掌隨著姿勢從右上角向下翻落。繼續向左肋前旋轉向上，手掌心朝上；左手掌也

圖266

圖267

在這時由左上角向下翻落，並且將手掌指頭搭在右手腕的
脈門上。

　　接著腰部向左扭擰，右足踵旋轉向外撇，使足尖向著
正北，身體重心移到右足上。兩個手掌互相搭著也隨著向
右邊移動，然後將兩手掌分開，右手掌腕部旋轉向外翻，
手掌心向外，大拇指向下，形成側掌，向上提起到正額前
面再向外推出，這時臂要圓，肘要沉；同時，左手掌向下
按去，腿部要彎曲，五指捏攏成鈎狀，從左髖部旁向左臀
部後戳出，鈎手向著正南方向。

　　這時胯部略向下蹲，左足順著姿勢移到右足內側，形
成虛步以足尖點地。身體向著北方略偏西，眼睛看著西北
方向。（圖266～圖267）

圖268

圖269

動作 4

緊接著前面姿勢，胯部略微上升，趁勢將左足提起，橫足向正西方踢出，勁點在足背外側，當一踢之後，立即將左足縮回到右足內側，腳底不著地面，胯部略微下蹲。同時，右手掌在額前，沉肘下移，形成立掌，手掌心向西，位置在身體前面，手掌高度與鼻部平齊，五指朝上併攏，形成柳葉掌；同時將臀部後面的鈎手移到左股外側。

這時身體面向北方略偏西，眼睛看著正西方向。（圖 268～圖 269）

【要領】

本架式的結構比較複雜，動作運行連貫，既要一氣呵成連綿不斷，又要神形輕靈，不尚拙力。扭擰全憑腰部與胯部，旋轉動功在腿足，兩手掌雲擺如海濤翻騰，一腳橫踢若游魚掉尾，開合升降盡在其中，神意氣力，集而為一。初學者需要多加練習，身體必須守中，不宜左右傾斜。

第47式　平分秋色

【拳譜】

　　平分秋色式簡明，姿勢動作要求嚴。

　　凝神沉氣意要專，勁力內斂聚丹田。

動作

　　承接上式，將左股旁的鈎形手展開，移到腹前，形成仰掌，小指頭指向腹部；同時將右手掌從身體的前面翻為俯掌，向下移到左手掌上面，兩手掌左仰右俯，交叉在腹前。同時，腰部略向左扭旋，順著姿勢將懸空的左足向左邊橫跨一步，落步時足尖朝著西北方向，形成半馬步。

　　在扭身跨步的同時，將在腹前的兩個手掌順著姿勢向左右分開，形狀如同展開摺扇一樣。左手掌向著西邊靠去，形成仰掌，虎口朝西，高度大約與胸部的乳線平齊，左肘部正對著左膝部；右手掌向著東邊捋去，形成俯掌，小拇指與手腕外側朝著東方，右肘部正對著右膝部，手掌的高度大約與右邊下肘平齊。

　　這時身體重心偏重在右足上，身體面向北方偏西，眼睛拗頸朝西看。（圖270）

圖270

【拳譜】

開合有節蓄發彈，左靠右捋勁兩頭。

崩而不散韌不滯，鬆而不懈緊不僵。

【要領】

本架式的姿勢動作並不複雜，可是卻有嚴格的要求。在全身骨架上來講，要求提頂豎項，沉肩墜肘，寬胸拔背，塌腰鬆胯；從氣質上來講，要意志專一，凝神沉氣，勁力內斂，氣聚丹田；從勁路上來講，開合有節，蓄發如彈簧，鬆而不懈，緊而不僵，崩而不散，韌而不滯，左靠右捋，勁出兩頭。

第48式　走馬觀花

【拳譜】

走馬觀花應續連，穩淨俐落出自然。

旋身退步與纏手，呈現無定要敏靈。

動作1

承接上式，左足向內扣，方向朝東北，身體的重心移到左足上，腰部向右邊旋轉，順著姿勢略微上升；右足形成虛步，隨著上升姿勢稍微收回，右足尖抵地。

在上述動作的同時，右手掌腕部旋轉向內翻，使手掌心向上，位置在右肋前面；左手掌順著旋轉身體的姿勢畫弧，越過左肩外側向東方擊出，形成俯掌，左肘在右手掌心上方。這時身體面向東方，眼睛平視左手掌前方。（圖

271）

圖271

【拳譜】

> 一左一右或退進，
> 身腰扭擰若蛇行。
> 上鬆下穩忌搖擺，
> 掌腕盤旋似泅水。

動作2

緊接著前面姿勢，腰部向左邊微擰，並且有引長的姿勢。同時，左手掌由前方翻掌彎曲到胸前；右手掌由肋部向左從內側穿出來，向右前方畫弧，形成仰掌，肘部要沉。接著腰部向右邊扭轉，並且提起右足，向後退一步，落步時足尖朝著東南方向，身體的重心移到右足上。

在退步的同時，右手掌順著姿勢旋腕轉掌向後方拉回，位置在胸前，手掌心側向左下方；左手掌由胸前形成仰掌，向著左前方撩出，旋腕轉掌，向前方旋按，手掌手側向右下方。兩手掌是左在前，右在後，左手掌的高度與乳線平齊，右手掌的位置在左肘的內側，都是用柳葉掌。

這時身體面朝東南方向，眼睛看著左手掌的前方。（圖272～圖273）

【要領】

本架式在操練上應該連續不斷。在旋身、退步與纏手的時候，要求靈敏自然，顯現無定，穩淨俐落，速度較

圖272   圖273

快，腰部的扭擰猶若蛇行，手掌腕部的盤旋如同泅水。

應該注意，本架式雖退猶進，也可用進步的姿勢，這要根據現場條件來定。

初學者應該多做單獨練習，即一左一右，或進或退。切忌身體搖擺，要求上鬆下穩，身、手與腳的進退要求同一方向，動作一致。

總的來說，腰胯的扭擰要一左一右，手臂的伸縮要一長一短，腳步的進退要一前一後。

第49式　魁星獻斗

【拳譜】

　　點魁獻斗象形化，點元技擊勁屬橫。

　　獻斗是股捲滾勁，姿勢矛盾欲權衡。

圖274　　　　　　　　圖275

動作1

緊接著上式，身體的重心完全放在右足上，胯部挺起；同時將左足曲膝向上提起，腳背部要平直，足尖朝下，腳心靠近右邊膝蓋。同時，右手掌從左肘內側向右外邊畫弧，旋繞向上舉起，邊舉邊握緊成拳，畫到額頭正前面的時候，拳眼朝下，拳心向外，右手臂彎曲如同弓形；左手掌從身體前面翻掌握拳，捲滾彎曲回來，位置在肚臍的前面，拳心朝上，拳眼向前，兩個拳頭上下形成一條垂直線。這時，身體面朝東方，眼睛平視前方。（圖274～圖275）

【拳譜】

獨立保持身均勢，提頂豎項肩要鬆。

寬胸塌腰肘要裏，沉氣實腹鬆臍輪。

圖276

動作2

緊接著上面姿勢，胯部微微向下蹲，左足向前方蹬出，順著姿勢下蹲，落步時足尖向外撇向東北方，與右足成錯綜八字步。同時，腰部和胯部向左邊略微擰勁，右拳隨著左足下蹲的姿勢，從正面額頭前手腕旋翻向下，經右外邊向著身體前面做橫捶動作，拳心向上，拳頭的高度大約在肩部以下乳線以上，肱要舒，肘要裹；左拳向內捲滾，使手掌心向下，位置仍然在肚臍的前面。這時身體面向東女方稍微偏北，眼睛看著右拳頭的前方。（圖276）

【拳譜】

　　左腳上提趾下垂，右腳下蹬趾內爬。

　　拳右上托左下按，上下制約助穩定。

【要領】

　　本架式的命名是留傳下來的神話象形，如在舊書本上和舊戲劇中所看到的描繪和意象，不應該迷惑在名稱上，而要注重技擊的勁路。

　　第一節是獻斗的象形，屬捲滾勁，一足獨立要保持身體均勻，姿勢要求提頂豎項，鬆肩裹肘，寬胸塌腰，沉氣實腹。右腳下蹬足趾內爬，左腳上提足趾下垂。右拳上托，左

拳下按，上下制約，以助穩定。姿勢矛盾，欲求平衡。其形如鶴立，其勢若蒼松，注意不要吃力在上身，要鬆開臍輪。

第二小節是點魁（或點元）的象形，勁屬於橫，兩個拳頭都有捲滾勁。以上兩個小節要求連成一氣，不可有停頓或間斷的地方，初學要單獨站立練習。

第50式　燕子穿雲

【拳譜】

縱橫沖撤拳連珠，柔中寓剛出勁速。

雲霧浮動掌沖霄，勢若青蠶吐連絲。

動作1

承接上式，腰部略向左邊擰勁，身體的重心移到左足上，右足順著左足的內側向著正東方向邁進一步。同時，身體向右邊扭動，左拳由肚臍前面向上提起，沿著右臂部向著前面舒伸，擦過右拳眼，立即向前方擊去，拳眼向上，肘部要沉；同時右拳迅速撤回到左肘內側，拳心翻滾向下，拳眼向著身體。這時，右膝向前方形成弓形，身體略微呈現向前引長的姿勢，不可停頓。

接著將腰部向左邊扭轉，右拳順著姿勢循著左肱上面擦過左拳眼，向著前面正東方突然衝擊出去，拳眼向上，肘部要沉，右肘與右膝相對；同時左拳頭由前面向後撤回，拳心翻滾向下，位置在右肘內側，拳眼向著身體，高度與劍突骨平齊。同時，右弓腿立即換成半馬步。這時身

圖277

圖278

體面向東北方向，眼睛看著右拳的前方。（圖277～圖278）

動作2

緊接前面姿勢，鬆開拳頭變成俯掌，腰部向右旋轉，朝著正東方向，右足踵向右轉動，足尖向著東南方向。同時，兩手掌順著旋身的姿勢平畫一個橢形圓圈（﹀），到腹部前面的時候，胯部向上升起。這時身體重心移到右足上，左足在後面隨著上升的姿勢，提起來向前跨一小步，形成丁虛步。

當時，兩手掌在腹部前面，將右手掌略微往下一按，左手掌略微往上一掀，趁著身體上升的姿勢，右手掌向上撩，手腕要彎曲，形成側掌，手掌心略微斜向左方，大拇指向上，四指向著前方，臂部要舒伸，肘部要垂，位置在右肩部的前面上方；左手掌在一掀之後，立即形成俯掌向

圖279

圖280

下按去，位置在胯部左側，兩個手掌
上下牽引。這時身體面朝東方微偏
北，眼睛向著前方看去。（圖279～
圖281）

【要領】

本架式的演習，必須連貫，一氣
呵成。其中第一小節動作的速度較
快，出勁要柔中含剛，縱橫衝撤，拳
似連珠；第二小節動作的速度較緩，
姿勢如同春蠶吐絲，雲霧浮動，掌猶
沖霄，所以有「燕子穿雲」之名。既

圖281

要鬆脆快捷，又要柔韌圓活。動作的樞紐關鍵在於腰腿運
動是否得法，真如李東風所說的「兩腿似弓彎，伸縮腰著
力」。

第51式　提手七星

【拳譜】

頭肩肘手膝胯足，手腳並使有起伏。

掌拳兼用有剛柔，骨架體姿正似斜。

動作1

承接上式，腰部向左邊扭轉，右手掌彎曲回來懷捲到胸前，手掌心向裏，手掌的高度略低於左肩；同時左手掌向上提起，從右肘下面穿出去，五指向上，手掌心向外，沿著右肘的外側向左方削出。

這時身體面向東方偏北，眼睛看著前面東北方向。（圖282）

動作2

緊接著前面的姿勢，左足由虛步改為實步，身體的重心移到左足上，足尖略微外撇，腰部向左邊擰勁，兩手掌趁著姿勢都由上向左下畫弧。左手掌旋轉到下邊時貼在左胯上，手掌心向外，五指向下垂；右手掌旋轉到下邊時，突然向前面右邊挑起，手掌心向左，五指向前，右手臂要舒伸，肘部要垂，手掌的高度不應超過右肩。

在右手掌上挑的同時，右足也跟隨著突然向上踢去，足尖朝上，高度大約與右胯平齊，右手指頭與右足尖部相互對應。這時身體面向東方偏南，眼睛看著東南方。（圖283）

圖282 圖283

動作3

緊接著前面姿勢，不可停頓，胯部略微向下蹲，右足趁著姿勢向下躓去，落步時，足尖向著東南方向，身體的重心大約為前三後七，大部分落在左腿上，左胯隨著姿勢向內裹。

在以上動作的同時，右手掌握成拳頭，向上捲提，拳心朝外，拳眼對準太陽穴，其距離大約為二三寸遠，臂部要圓，肘部要墜，兩肩部要鬆且平；同時左手掌由左胯部的前面握拳向上提起，再向正東方擊出，臂部要舒伸，肘部要沉，拳眼向上。這時身體面向東方偏南，並且有向前面引長姿勢，而腰部和胯部向後下方坐勁，眼睛看著左拳的前面方向。（圖284）

圖284

【要領】

本架式從結構來看比較複雜，是掌拳兼用，手腳並使，還必須要一氣呵成，連綿不斷，有起有伏，亦剛亦柔。從身體的姿勢來看，實正似斜。

所謂「七星」，一般指的是頭、肩、肘、手、膝、胯、足，實際上是指全身的骨架，運動的時候必須完整成一體，真如李東風所說的「腕、肘、肩、胯、膝，足踏手腳齊」。這是很切實際的，初學者應該多加以單獨練習。

第52式　雁字橫斜

【拳譜】

掌臂撐勁頭頂勁，肩肘垂勁足踩勁。

似「人」似「一」模仿勢，雁群橫空翅翔展。

動作1

承接上式，身體重心仍舊在左足上，腰部略微向左邊撐勁；右足略向上提，立即向下落，並且向左稍微移動，落步時為橫步，足尖朝著東南方向，兩腿如同絞花成錯綜

八字步。

在擰身移步的同時，右拳
由額頭右邊前面落下，翻轉向
著前面中間橫捶，拳心朝上，
拳頭的高度大約在乳線以上，
與鼻尖上下斜對著，伸肱裹
肘；同時左拳由前方撤回來，
位置在右肘內側，拳心捲翻向
下。

這時身體面朝東方，眼睛
看著右拳的前方。（圖285）

圖285

【拳譜】

　　前段本是過渡勢，動作務須手足齊。

　　虛領頂勁身體穩，意導勁出整剛體。

動作2

緊接著前面姿勢，身體重心仍然放在左足上，腰部擰
扭向右；右足略微上提，隨著姿勢向右邊移出，落步時足
尖向著南方略微偏東；左足踵調整向外展開，以得力為標
準，形成右足在前、左足在後的半八步。同時，右手臂部
彎曲回到胸前，兩拳放鬆開來變成掌，都是仰掌；左手掌
由右肱內側繞出，兩手腕部形成交叉狀。兩手掌心旋轉向
外，立即向左右畫弧撐開，左手掌向北方畫去，右手掌向
西南方向畫去，都是立掌，手掌的高度與肩部平齊。

身體的重心大部分放在左足上，面向東南方向，意有

圖286

圖287

向前引長的姿勢，眼睛平視前方。（圖286～圖287）

【拳譜】

　　右拳翻落橫截勁，左拳回撤滾絲勁。

　　內開外合意為主，勁力含蓄不露棱。

【要領】

　　前段是本架式的過渡動作。手足必須同時發勁，不可此先彼後、參差不齊，勁要出時須整體。值得注意的是，身體須守中，不宜左右搖擺，要求虛領頂勁、以意為主，不宜使用拙力，勁力要含蓄，不露棱痕，肩部要垂，肘部要墜，胸部要含，背部要圓，形成外合內開的姿勢，右拳翻落為橫截勁，左拳回撤為滾絲勁。

　　後段是本架式的主要動作，要求不許挺胸突臀，兩手臂分撐要分高低，伸長彎曲要求均勻一致，形成外開內合的姿勢。

以上前後兩小節，總的來說，在動作上要求連貫，不可斷勁；在勁路上要求頭有頂勁，腿足踩勁，掌臂撐勁，肩肘垂勁；在象形上，掌和臂分撐擬「人」似「一」，形狀如同雁群橫空，展翅飛翔，即「雁字橫斜」的名稱來由。

第53式　黃龍轉身

【拳譜】

　　雲龍飛行隱忽現，常山蛇陣首尾應。

　　矯健雄鷹凌空旋，圓活猶魚水中游。

動作1

承接前面架式，身體重心移到右足上，腰部向左邊旋轉；左足順著姿勢向左前方橫向邁出一步，落步時左足尖朝著正北方向，形成錯綜八字步。

腰部繼續向左邊旋轉，身體重心移到左足上；右足隨著出步，落地時位置距離左足尖大約五六寸，形成倒丁步。腰部繼續向左邊旋轉，身體重心移到右足上；左足輕輕提起，向著正西方直線邁出一步，形成子午步。這時胯部一邊旋轉一邊向下蹲，兩膝彎曲較低，但是不低於90°。

在以上旋身、換步動作的同時，兩個手掌都由立掌轉換成側掌，手掌心仍舊向外，兩手指尖都向右側，隨著身腰旋轉的姿勢，同時旋轉。兩手臂舒伸，形狀如同一條軟索，左臂部稍低，右臂部略高，但是兩肩要鬆垂，不能因為兩臂有著高與低的區別，而影響到兩臂的平正。

圖288

圖289

圖290

當走轉到身體面向西方偏北的時候，將右臂和右手掌彎曲抱摟到胸前，右手掌心旋轉翻動向下；左臂與左手掌順著姿勢向下旋轉，轉動手腕翻成仰掌。剛好到左足邁向正西方的同時，左手掌旋轉向上，由右肱內側穿出，舒展臂部向著前方平直刺出，左肘與左膝垂直相對；右手背位置在左肘下面。這時身體面向西方偏北，眼睛平視左手掌前方。（圖288～圖290）

【拳譜】

左旋右轉三百六，先後有序應連續。

身腰靈活樁步穩，配合得法得力勢。

動作2

緊接著前面姿勢，左足向內扣，身體重心移到左足上，腰部向右扭轉；輕輕地提起右足，足尖向外撇，騰步向東方發步，右足尖向著南方偏東。腰部也旋轉向著東南方向，身體的重心立即移到右足上；左足輕輕提起，經過右足踵內側向著正東方邁出一步，形成子午步。

在向右轉身騰步的同時，兩個手掌隨著姿勢向下垂在膝前，順著回身上步的慣性作用，畫弧向上提起，向著東方推託。兩手掌的推託動作，必須與左足落步在同一時間進行。當時右手掌和臂在上面，高度大約與肩部平齊；左手掌和臂在下面，大致與胸腹部平齊。兩個手掌心都向著南方，都形成側掌，臂部要圓，肘部要沉，十個指頭都朝著東方，兩手掌上下斜對著，左肘與左膝垂直相對。這時身體面朝東方偏南，眼睛看著左手掌的前方。（圖291）

圖291

【要領】

本架式在演習的時候，步法由高到低，先向左轉過180°，後向右轉過180°，既要做到先後有序，又要使動作連續不斷。腰部必須靈

活，又要樁步穩固，其間的手、眼，身、步，既要求配合得法，又要求得勢得力。其中姿勢的組成也是比較多樣的，如旋風、探爪、翻騰、搶珠等。

在形勢上如雲龍飛行，忽隱忽現；變化上又若常山蛇陣，首尾相應；在矯健上好比雄鷹盤旋，突然下落到雞場上；在圓活上猶如魚游水中，任意往返。

第54式　五聖朝天

【拳譜】

五聖朝天過渡勢，調整氣機免僵滯。

形神靜定意連動，靜定守虛動求靜。

動作1

承接上式，腰部向右邊旋轉，左足踵部旋轉向內扣，身體重心移到左足上。兩手掌順著姿勢由身體的左側畫弧，向上經過面部，朝著身體的右側落下。腰部繼續向右扭轉，右足輕輕地提起來，撤回到左足內側，足未落地立即向正西方向跨出一步。

在右足撤回的同時，將由右側落下的兩個手掌抽回到腹前，順著姿勢翻動手掌向上。正當右足向西方跨出時，兩個手掌向著同一方向朝上掠刺，右手掌在前，左手掌在後，左手掌的小指靠在右手腕部尺脈的側面，均為柳葉仰掌，手指的高度與鼻尖平齊。這時身體面朝西方偏南，眼睛看著右手掌的前方。（圖292～圖293）

圖292

圖293

【拳譜】

進退收放要敏捷，上下配合應周到。

畫弧長空似彩虹，衝刺手法若驚鴻。

【要領】

此乃虛以引真之手法，李東風說：「引進敵落空，欲收放更急。」這一小節在動作上要求上下配合周到，進退與收放動作要敏捷，畫弧如長虹，衝刺若驚鴻。習練者應該多加體會與觀察。

動作 2

緊接前面的姿勢，腰部向左邊扭轉朝著正南面。在身體右側的兩手掌緩慢地落下來，一直落到兩胯前面，手掌心向裏。同時將左足踵部轉向調整，使足尖朝向正南；右足略微向上提起，移到同左足平行排列，距離與肩寬相

等。胯部順著姿勢緩慢地向上升起,兩手掌由兩胯前面沿著兩肋,向上方直舉過頭頂(手掌心朝裏,手指頭旋轉向上),然後再將手掌心旋轉向外,向著前面舒伸,再向下方按去,手掌垂在兩胯的地方,手掌心朝裏。這時身體面朝正南方向,眼睛平視前方。(圖294～圖297)

【要領】

這一小節要求形神靜定,意勁不斷,當靜定後立即連接後式。

【説明】

這一小節是整套拳路中的第三段的末尾一個動作,練習純熟後可以略去此小節不做。那麼,為什麼要列增此一節呢?

根據吳翼翬老師在教授的時候所說,首先,這一小節是動中求靜的方法,在八法中乃是靜定守虛的法則。由於

圖294

圖295

圖296

圖297

初學者在運動過程中，容易受到拙力的支配，為了避免僵
滯努氣，用它來調整一下氣機是有益的；其次，整個拳路
變化較多，對初習者來說，分段便於記憶，也是有益的；
再次，增加這一小節並不妨礙後式的繼續，能起到對下式
動作的銜接作用。

第55式　葉底藏蓮

【拳譜】

　　順勁運使意為主，鬆柔靈活動為先。

　　中間不許勁斷續，上下一致全身勁。

動作1

承接前式，右足踵部轉動向外撇，同時腰部向右邊旋轉，兩手掌心旋轉翻動向外，一邊翻動一邊握緊拳頭，拳心向上，位置靠著小腹的旁邊，兩肘部稍微彎曲向內裏勁，肘尖貼在兩腰側面，兩膝略微彎曲。

在以上動作將停未停的時候，右拳攢起向著西方擊出，高度與嘴平齊。這時身體重心移到右足上，左足在後面輕輕提起，向著西方微偏南邁進一步，形成半八步。同時左拳鬆開變為掌向上提起，沿著右肱上部經過右拳即摩擦劈出，手指間離開縫隙並且微曲，手掌心要內陷，斜著向下，虎口要正圓，高度與鼻尖相對齊，肱要伸，肘要沉。在左手掌劈出並擦過右拳的時候，右拳也鬆開變為掌，右手掌立即抽回來，位置在左肘部下面，並且要向下按勁。這時身體面向西方微偏南，眼睛看著左手掌的前方。

（圖298～圖300）

【拳譜】

　　開式先起右攢拳，
　　接著左掌劈出去。
　　一手接著一手起，
　　左右刺劈掌交替。

動作2

緊接著前面姿勢，左足向

圖298

圖299

圖300

內扣，身體重心移到左足上，腰部向著右邊旋轉，方向朝著北方偏東。在右旋身體的旋勢作用下，左手掌轉成俯掌，隨著姿勢向右邊畫弧；右手掌從左邊腋下穿出來，循著左臂下方也向右畫弧。一邊畫一邊將兩個手掌緩慢地翻旋向上，朝著東北方向的上角橫出去。

這時右手臂已畫出左手臂，右手掌業已領先，高度與眉部平齊，肘部要沉；左手掌在後面，手掌位置在右手腕部尺脈的側面。在右扭身體劃掌的同時，右足隨著向東方移出半步，腰部一擰，手到足到。這時身體面向北方偏東，眼睛看著右手掌的上角。（圖301～圖302）

【要領】

本架式的動作是旋轉身體180°，這屬於橫勁。在姿勢上包括起攢、落翻、旋身、穿掌、橫肱、轉掌、橫截等動作。值得注意的是：

圖301　　　　　　　　　　圖302

　　第一，開式的時候先起右攢拳，接著劈出左手掌，要分清順序，但是動作必須連貫，勁不可中斷，既而之後各種動作在運行中，必須上下配合；

　　第二，左右掌做交替刺與劈的時候，其速度比較快，應該一手接著一手起，中間不得顯示出斷勁，而且還要求做到鬆柔靈活，不應該單純依靠手法上的局部勁，而要出全身的勁，這不是招式的需要，而是技擊上的需要；

　　第三，所有動作都要求上下一致，要順著勁的運動，不能只求在形式上的美觀，而忽略了以意為主和以動為先的主導方針。

　　【說明】

　　在「五聖朝天」架式中曾經說過，待練習純熟後，可以省略掉其中的第二小節，至於如何把「葉底藏蓮」架式連貫起來，現在做一說明以便參照練習。

　　當時身體向著西方偏南，兩手掌位置在身體的右側，右足尖朝西。演習的時候可以將右足踵轉向外撇，身體重心移到右足上，腰部扭擰向著西方偏北；左足從後面向前邁進一步，形成半八字步。

　　在旋身上步的同時，兩個手掌心也跟隨著向下掩翻，左手掌先循著右手掌背上摩擦刺出，左掌在前，右掌在後，右手掌也緊跟循著左手掌背上摩擦刺出。

　　在左足出步落地的時候，左手掌又沿著右手掌背上向前方劈出；右手掌立即抽回，位置在左肘部下邊。以後，仍舊按照本架式的第二小節姿勢來演習。

第56式　鳳凰展翅

【拳譜】

　　鳳凰撤羽起動勢，鳳凰展翅是關鍵。

　　以腰為主來畫弧，輕鬆圓活忌搖擺。

動作1

　　承接上式，身體重心仍舊在左足上，腰部向左邊扭；右足踵部轉動稍向內扣，足跟略微起來。同時，兩手掌由右上角轉為側掌，手掌心都朝外邊偏下方，從身體側面畫弧，經過面前到身體的左側，十個指頭都指向西方，都是俯掌，肘部要沉，手掌高度同肩部平齊。

　　這時腰部扭旋向著北方微偏西，眼睛最初是隨著掌的畫弧而移動，當兩手掌畫到身體左側的時候，拗頸平視正

圖303　　　　　　　　　　圖304

西方向。（圖303）

動作2

緊接上面姿勢，身體重心仍舊在左足上，腰部朝右邊
旋轉到東北方向；右足足踵旋轉，足尖朝外撇向東方，放
平足跟。同時，左手掌仍舊在原來的位置不變；右手掌隨
著身體旋轉的姿勢從左向右畫弧，如鞭子一樣抽擊出去，
高度與右邊肩部平齊。兩個手掌是左手俯掌右手仰掌，肘
部稍沉，兩手臂成一條線。這時身體面朝東北方向，眼睛
看著正東方的前面。（圖304）

【要領】

本架式的第一小節是鳳凰撤羽的姿勢，也是連接上面
架式的過渡動作。第二小節是鳳凰展翅的姿勢，是本架式
的著重動作，要求在畫弧的時候，以腰勁為主，動作上輕

鬆圓活，不宜顯出身體搖擺的狀態。在勁路上做到虛領頂
勁，肩部要鬆，肘部要沉，當兩手向著左右展開的時候，
應該注意不要出現挺胸凹腰的姿勢。

第57式　白鶴啄食

【拳譜】

　　白鶴獨立架式難，上軀略呈前俯勢。

　　右手下垂左掌托，頭頂尾閭成直線。

動作

　　緊接上式，身體重心移到右足上，並且略向外撇，腰
部旋轉向著正東方向；左足輕輕提起，向東方前進一步，
身體重心移換到左足上。左手掌在向右轉身及上左步的同
時，順著姿勢向上畫弧，經過左肩上方朝身體前面用俯掌
向下擊出，順著下擊的姿勢，彎曲臂部旋轉成仰掌，懷抱
在胸前；同時，在身體前面的右手掌也順著姿勢畫弧落
下，經過胯部右側向後畫弧旋轉向上，經過右肩上方從身
體的前面落下，右手五指撮攏，手指向下，形成鈎咀形狀
向下一直插下去，右肘位置在左手掌的上面，左手掌托住
右肘部。

　　同時，左腿彎曲向下蹲去，左上股與左小腿大約接近
90°角；右足提起，將腳背和腳趾緊緊鈎在左小腿人字肌
的位置，也就是在承山穴上，形成左足獨立蹲式。

　　身體略微呈現出前俯姿勢，右鈎手離地大約數寸，或

圖305

圖306

者根據各人盡可能做到的最低程度，形狀如同鳥啄食。這時身體面朝正東方向，眼睛平視前方。（圖305～圖306）

【要領】

本架式的姿勢比較難以掌握，因為單腳獨立不如兩腳踩地平穩，再加上上軀略呈前俯的姿勢，更加重了前身的負擔，以致使身體出現不平衡的趨勢。要能克服這些現象，在演習的時候，上軀不宜太過前俯，或者用力過猛，同時右足尖緊勾著左小腿的人字肌，右手下垂以左手掌向上托住，這些都是幫助平衡姿勢的。

另外，身軀雖然向前傾，但是要求從頭頂、頸、脊背、腰椎以至尾閭必須平直，既不許隆背，又不能突臀，這樣做可藉以增加平穩的程度。在動作上既要鬆柔不滯，又要韌勁不浮，還要防止昂首僵頸，氣阻胸腔。這一架式姿勢並不麻煩，但是必須單獨多加練習。

第58式　月掛松梢

【拳譜】

站立神似樹生根，皓月當空意畫環。

獨腳挺起忌拼氣，上部要虛下要實。

動作

緊接上式，左腿由下蹲的姿勢緩慢地挺伸起來，胯部也跟著向上升起，不宜完全挺直，仍舊是獨立的姿勢。在身體漸漸升起的過程中，右鈎手將手指鬆開，仍然彎曲手腕，指頭向下垂，緩慢地向上升舉，到高度與右肩部平齊的時候，手指頭所垂形狀如同垂柳樹枝，繼續向上而後再向下向前畫一個圓。

當畫至右脅部前面的時候，右手掌心已翻動向上托勁，五指指向前方；同時左手掌心旋轉翻動向下，按在右手腕的脈門上。這時右足仍舊勾在左小腿的人字肌上，身體仍舊朝著正東方向，眼睛先是隨著右手掌轉動，然後再平視前方。（圖307～圖308）

【拳譜】

由升而降逆畫環，由降而上順畫環。

虛領頂勁神沉氣，寧緩勿急免搖擺。

【要領】

「白鶴啄食」架式與「月掛松梢」架式必須連貫起來，一氣練成，前者是由升而降逆向畫環，後者是由降而

圖307

圖308

升順向畫環。

在練習時必須虛領頂勁，集神沉氣，動作上要求寧願緩慢，不能急躁，以免造成身軀搖擺不穩的現象。

站立時候的神態似老樹生根一樣，畫環時的意識如同皓月當空。在獨腳挺起來的過程中，容易使胸部產生拼氣的現象，所以，應該特別注意上部要虛，下部要實，這是一定要做到的。

第59式　倒揭牛尾

【拳譜】

雖退猶進注重意，宛如蛇蠕左右擰。

拳掌交替似拉弓，身體引長後坐勁。

圖309　　　　　　　　　圖310

動作1

緊接上式，右足從左小腿上分開，沿著地面斜向右邊退回去一步，踏實地面的時候，足尖向著東南方向，身體的重心緩慢地移到右足上。

腰部微向左前方引長，左手掌由右手腕脈門上，循著右手掌心向著前方偏左水平削出，勁路的意念在小指頭與左手腕外邊緣小魚際處，形成俯掌；右手掌在左手掌削出的同時，握緊拳頭從左手掌下方撤回，位置在右脅下腰部凹隙處，拳心向上。這時身體面向東方微偏北，眼睛看著左手掌的前方。（圖309～圖310）

動作2

緊接上面姿勢，腰部向左邊撑，左手掌隨著略微向左

圖311　　　　　　　　　圖312

邊削去，一邊削一邊轉動手腕翻掌向上，五個指頭從小指、無名指、中指、食指一直到大拇指，按順序依次蜷縮彎曲，如同抓物的形狀，向後方拉回來，到胸下腹前的時候，剛好握緊手指變成拳頭，拳心朝著上方。

在左手掌拉回的時候，胯部略微向後坐。在左手掌變成拳頭的同時，右手掌從右邊肋間緩慢地鬆開，拳頭向著胸前舒伸，兩手在胸下前面相遇，右拳完全鬆開變成側俯掌，右手掌在左拳上方。掌與拳互相攏搓，順著姿勢將右手掌向前方偏右水平削出；同時左拳向後方撤回，位置在左肋下腰部的凹隙處，拳心向上。

在以上動作的同時，腰部略向右邊撐，左足沿著地面向後退，經過右足內側向左後方退回一步，踏實地面時足尖朝著東北方向，身體重心緩慢地移到左足上。這時身體面朝東方偏南，眼睛看著右手掌的前方。（圖311～圖312）

動作3

緊接著上面姿勢，腰部略微向右邊擰，並且有微微向前方右邊引長的趨勢。右手掌隨著略微向右邊削去，一邊削一邊轉動手腕翻掌向上，五個指頭從小指、無名指、中指、食指一直到大拇指，按順序依次蜷縮彎曲，如同抓物的形狀，向後方拉回來，到胸下腹前時，剛好握緊手指變成拳頭，拳心朝上；同時左拳在左肋下方緩慢地鬆開拳頭，向著胸部下方與腹部上方舒伸，兩手相遇的時候，左拳完全鬆開形成側俯掌，左手掌在右拳上方。

手掌與拳頭互相攏搓，順著姿勢將左手掌向前方偏左邊水平削出；同時右拳向後方拉回來，位置在肋下腰部凹隙的部位，拳心朝上。同時，腰部向左邊擰，右足隨著姿勢沿著地面蹉回，經過左足內側向後退回一步，落步時足尖朝著東方偏南，身體重心緩慢地移到右足上。這時身體面向東方偏北，並且向後坐勁，眼睛看著左手掌的前方。（圖313～圖314）

【拳譜】

前掌抓揭後捋勁，步走弧形取輕捷。

曲折玲瓏功在腰，象形取義勁不絕。

【要領】

本架式是向後退的動作，但是一定要練出雖退猶進的精神狀態和意念。在腰部左右扭擰的時候，宛如蛇蠕，身體引長，後胯坐勁。左右手掌和拳頭交替伸縮，形狀好似拉弓的姿勢，前手掌抓揭，後拳頭捋勁。步法走成弧形，

圖313　　　　　　　　　　　　圖314

目的是取其輕捷。

　　總的要求是虛領頂勁，肩部要鬆，腋部要空，膝部要彎曲，身體要向下蹲，胯部要開，步法要蹉，氣宜順而沉，勁路要柔而韌。

　　注意不可忽高忽低，不許左搖右擺。前伸後縮，相互制約，力量平衡，相互爭力。曲折玲瓏，功在腰隙，象形取名，其勁不絕。

第60式　童子抱琴

【拳譜】

　　童子抱琴架式繁，往來返復一氣間。

　　運動舒展順自然，神意深遠氣沉長。

動作1

承接著上式，身體重心仍舊
在右足上，腰部先略微向右邊
擰；輕輕地提起左足來，向左邊
移過數寸，形成左向三岔步，腰
部隨著再向左邊微擰。同時，左
臂與左手掌彎曲回到胸前，左手
掌一邊彎曲回來一邊緊握成拳
頭，拳心向下；右拳頭從右腰部
凹隙處向上，從左臂部的下面穿

圖315

出，循著左腕部下方突然向正東方向舒伸衝出，拳心朝上
略偏裏，拳頭的高度與乳線平齊，肘部向下垂，向裏面
裏，位置對著身體的中線；左拳頭則靠在右肘部內側。

這時身體面向東方微微偏北，並且身體上部略有向前
引長的姿勢，右腰部和胯部都有向後坐勁的姿勢，眼睛看
著右拳頭的前方。（圖315）

動作2

緊接著上面姿勢，身體重心移到左足上，並且將足踵
略微旋轉向內扣，腰部略向右邊擰；輕輕地將右足由後面
貼著地平面蹉移到左足內側，足未落地，隨著姿勢朝右前
方蹉出一步，形成右三岔步。

與此同時，右拳頭在前面手腕旋轉向內裏，手臂彎曲
向胸前捋回來；左拳頭從右臂部下方舒伸穿出，到前面與

圖316

右拳頭交叉的時候，突然將左拳心旋轉朝上，向著前方縱向直衝出去，拳頭的高度與乳線平齊，拳心朝上略偏裏，肘部下垂往裏面裏，位置對著身體的中線；右拳頭捋回來，位置靠在左肘部的內側。這時身體面向東方微微偏南，並且略向前做引長的姿勢，左腰部和胯部都有向後坐勁的姿勢，眼睛看著左拳頭的前方。（圖316）

動作3

緊接著前面的姿勢，身體的重心移到右足上，腰部微向左邊擰；抬起左腿，橫足向著前方蹬出，足心朝前，高度大約在膝蓋位置，在一蹬後，立即將左足橫落下踏，足尖朝著東北方向，與右足形成絞花步。

乘著左足落步的姿勢，身體的重心移到左足上，腰部向著左邊擰；右足順著姿勢由後面經過左足內側朝東方邁出一步，形成子午步。同時腰部朝左邊擰，兩個拳頭鬆開變成手掌，均轉為仰掌，十個指頭朝著前面。右手掌沿著左肱上方經過左手掌心摩擦而出，左手掌位置在右肱內側。

乘著右足上步的姿勢，右手掌在前面，左手掌在後面，向著正東方向平直刺出。這時身體面朝東北方向，眼睛看著正東方向。（圖317～圖318）

圖317

圖318

動作4

　　承接著前面姿勢，腰部朝左邊扭，兩個仰掌順著姿勢
向外邊偏下方旋轉翻動，十指向東，從右往左畫弧，當指
到左側時，兩個手掌指頭擺轉向西。腰部再朝右邊扭，兩
個手掌隨著捋回到右邊，身體重心也移到右足上，並且將
足踵轉動向內扣。

　　這時腰部又向左邊扭向西方，使得左足略微提起來朝
左邊移，足尖向著西方偏南。當兩個手掌由左邊捋回到右
側的時候，左手掌心由外旋向裏，從右胸部的側面盤旋出
來；同時右手掌向著下後方畫弧而上。

　　隨著腰部向左邊旋轉的姿勢，左手掌翻轉成俯掌，由
胸部的右側朝下按，向前摟到左膝上方；同時右手掌由右
肩旁邊向前方推出，形成立掌，手掌心向外。這時身體的

圖319 　　　　　　　　　　圖320

重心移到左足上，足尖調整朝著西方；右足輕輕提起來，沿著地平面蹉移到左足踵的內側，足未落地，立即向右邊斜上一步，落地時足尖朝著西北方向，形成右三岔步。

在上右步的同時，右手掌向內裏握緊成拳，彎曲臂部向著後面捋，位置在胸前；同時左手的俯掌由左膝的前面，翻動內裏改成拳頭，由右肱下橫行出去。

在兩拳頭相遇的時候，左拳頭突然向著西方縱向直衝擊出，位置在身體的中線，拳心向著上邊偏裏，拳頭高度大約與乳線平齊，肘部向下垂朝裏面裏；右拳頭捋回來的時候，靠在左肘部的內側。

這時身體面向西方微偏北，並且略向前方引長，左邊腰部和胯部都有向後坐勁的姿勢，眼睛看著左拳頭的前方。（圖319～圖322）

圖321

圖322

動作5

　　緊接著前面的姿勢，身體重心移到右足上，足尖調整內扣向著西方，腰部略向左邊扭；左足輕輕起提起來，沿著地平面蹍到右足踵的內側，足未落地，立即向著左斜方上一步，足尖朝著西南方向，形成左三岔步。

　　在上左步的同時，左拳頭在前面滾翻後捋，位置在胸前；右拳頭由左肘部的下方沿著左肱橫出去，到兩拳頭相遇時，突然向西方縱直衝擊出去，位置在中線，拳心向著上方偏裏面，拳頭高度大約與乳線平齊，肘部要下垂且向裏面裏；左拳頭向後捋的時候，靠在右肘部的內側。這時身體面向西方微偏南，並且略向前面做引長姿勢，而右腰部和胯部都具有坐勁，眼睛看著右拳的前方。（圖323）

圖 323

動作 6

承接前面姿勢，身體的重心移到左足上，腰部略向左邊擰；抬起右腿，橫足向前面蹬出去，足心向著前方，高度大約在膝部位置，一蹬之後，立即將右足橫落踏在地面上，足尖朝著西北方向，與左足形成絞花步。乘右足落步的姿勢，身體的重心移到右足上，腰部略向右邊擰；左足順著姿勢從後方經過右足的內側，向西方邁出一步，形成子午步。

與這同時，腰部略向左邊擰，兩個拳頭鬆開變為掌，都轉成仰掌，十個指頭指著前方。左手掌沿著右肱上方經過右手掌心摩擦而出，右手掌靠在左肱部的內側。乘著左足上步的姿勢，左手掌在前面，右手掌在後面，都向西方平直刺出。這時身體面朝西北方向，眼睛平視正西方向。
（圖 324～圖 325）

圖324　　　　　　　　　　圖325

【拳譜】

　　身腰靈活如蛇遊，運掌速快似穿梭。

　　形狀好像魚戲水，意神運轉氣沉長。

【要領】

　　本架式的組成，由於有比較複雜的姿勢，往來返復，必須連成一氣。在練習和使用的時候，要求順其自然，在形狀上如同翔魚戲水，身腰靈活好似蛇遊。

　　步法的基礎是三岔步，在運用掌法上如穿梭，揮舞拳頭時若螺旋。勁路上有縱有橫，姿勢上有伸有曲，意與神要求運轉，氣要求沉且長，還要求虛領挺拔，肩部要鬆，背部要圓，胸部要寬，腹部要實，胯部要開，臂部要裹。

　　應該隨時注意運動的時候，要避免發生斷勁或使用拙力的現象。

第61式　犀牛望月

【拳譜】

　　外形綿綿不斷勁，骨縮筋伸出自然。

　　運掌動拳出同時，意靜神怡若靈犀。

動作

　　緊接上式，腰部向東方扭擰，並且略微上升。兩手臂與手掌順著姿勢向上提起，由仰掌轉變成側掌，手掌心均向外邊偏下方，十個指頭都向左。隨著腰部向右邊扭，兩手掌由左向右畫弧，畫至身體右側的時候，順著姿勢轉動手掌，使得十個手指指向右側，手掌高度大約與肩部平齊，手掌心仍舊向著外邊偏下方。

　　這時腰部反覆過來向左邊擰，兩手掌順著姿勢回過來捋向左邊。

　　左足極力將足踵旋轉內扣，足尖向著東北方，身體重心也移到左足上，腰部也轉向東北方向；右足隨著腰部旋扭的姿勢，略微提起向右移動，足尖向著東方微微偏南；右腳在前面，左腳在後面，兩足的前後距離大約比肩部稍寬，兩膝略彎曲，身體的重心分配為前四後六。

　　當兩手掌由右邊回過來捋向左後方時，右手掌向外旋再向裏繞到左胸脅部前面，順著姿勢向前按摟，位置在右邊腰部和胯部的前面；同時左手掌向裏旋再向外繞，由左肩部外邊向前舒伸發出，肘部要沉，形成側掌，五指向前，高度與鼻子平齊，位置在東北角上。

圖326　　　　　　　　　圖327

　　這時身體面朝東北方向，眼睛看著左手掌的前方。
（圖326～圖327）

　　【要領】

　　本架式的動作與前一架式必須緊密連接，運用手掌和
運動腳步必須出於同一時間。外形要綿綿不斷，骨要縮，
筋要伸，內部要意靜神怡，氣若靈犀，特別表現在眼神方
面，既要敏感又要迅速。李東風說：「目光如流電，精神
顧四隅。」

第62式　鷂子穿林

　　【拳譜】

　　撐翻轉側身法難，走避穿閃鷂入林。
　　運掌好比在拉鋸，邁步賽如履薄冰。

動作1

承接上式，身體重心移到右足上，輕輕地提起左足，向左前方邁出一小步。同時，將在東北角的左手掌曲臂收回到懷中，形成柳葉側掌，手掌心向內，位置在乳線以下，在胸前大約一尺；將在肋部右前方的右手掌由俯掌轉動變成柳葉側掌，從左腕部下方舒伸穿出。

這時身體的重心移到左足上，右足上一小步，與左足的距離不超過一尺，右手掌隨著上步的姿勢向左方偏下刺出。身體的重心又移到右足上，左足上一小步，與右足的距離不超過一尺。腰部略向左邊擰，並且有向前引長的姿勢，右手掌隨著繼續向前方刺出。

身體面朝東北方向，眼睛隨著右手掌移動，最後看著前方。（圖328～圖330）

圖328

圖329

圖330

圖331

動作2

緊接著前面的姿勢，身體的重心移到左足，足踵轉動向內扣，腰部向著右邊東南方向擰；輕輕地提起右足，向著右前方邁出一小步。同時將右手掌曲臂抽回到胸前，形成柳葉側掌，手掌心向內；將在左胯部前面的左手掌轉動成為柳葉側掌，向前舒伸，再從右手腕下方穿出去。這時身體重心移到右足上，左足上一小步，左手掌隨著上步的姿勢向右邊偏下方刺出。

身體的重心又移到左足上，右足上一小步，腰部略向右邊擰，並且有著向前引長的姿勢，左手掌隨著繼續向前面刺出；右手掌抽回來，位置在右胯部的前面，手掌心向外，手指頭向下垂。動作與第一小節相同，唯有左右方向不同。身體面朝東南方向，眼睛隨著左手掌的移動方向看出去。（圖331～圖335）

圖332

圖333

圖334

圖335

動作3

緊接著前面姿勢,右足向內扣,身體的重心移到右足上,腰部向左旋向東北方向;輕輕地提起左足,向著左前

圖336　　　　　　　　　圖337

方上一小步。同時將左手掌抽回，曲臂懷抱到胸前，形成柳葉側掌，手掌心向裏；將右胯部前面的右手掌，轉成柳葉側掌，向前舒伸，從左腕部下邊穿出去。

　　這時身體重心移到左足上，右足上一小步，右手掌隨著上步的姿勢向左方偏下刺出。身體的重心又移到右足上，胯部趁著姿勢向下蹲去，左足也順著姿勢邁進，步長大約一尺六寸。右手掌從左手腕部穿出來後，兩肱平擺成為「Ｘ」形狀，位置在左膝部前上方，兩手掌心是左手向右，右手向左。

　　這時身體面朝東北方向，並且有向前方引長的姿勢，頭頂要提，肩部要垂，背部要圓，臀部要裏，眼睛平視前方。（圖336～圖337）

　　【要領】

　　本架式動作要求一氣呵成，腰部、手、足、眼必須配

合恰當，得勢得力。從步法上說，似正似斜，忽左忽右。此乃八法中歸偏的姿勢，左右相應的方法，在身體引長的時候，應該留有餘地，以防失去平衡。

從姿勢來說，邁步如同走在薄冰上，運用手掌好像在拉鋸，既要輕鬆敏捷，又要盤旋自如。從身法上來說，包括擰翻轉側，走避穿閃等動作。應該單獨多加練習。

第63式　赤龍攪水

【拳譜】

> 旋身畫弧敏活靈，兩腿虛實務分清。
> 升降好比波掀動，開合如同魚鼓鰓。
> 上畫過頂是開勁，下合過膝屬合勁。
> 過開勁散窄勁僵，骨勁肉斂態清靈。

動作1

承接上面架式，身體面向左邊，從俯視的姿勢緩慢地挺起。兩個手掌隨著姿勢從左膝前上方收到胸前，由平面「X」形狀改為豎直「X」形狀，兩個手掌心仍舊交叉向著兩邊。在這同時，轉動右足踵，足尖轉向南方，腰部向著右邊旋轉。兩手掌向上畫弧經過頭頂，先是合攏而後分開，由兩側落下。同時左足順著姿勢從東北角移近到右足內側，略微提起足跟，形成右實左虛。

胯部向著下方蹲去，兩個手掌繼續隨著下蹲的姿勢向下畫弧，到膝前的時候，由分開變為合攏，兩手腕形成交

叉狀，兩手掌成為豎直「X」形狀，手掌背部向外，右手掌在外，左手掌在內。

胯部緩慢地升起來，交叉的兩個手掌隨著身體升起來的姿勢向上移動到胸前。這時身體面朝正南方向，眼睛平視前方。（圖338）

圖338

動作2

緊接著前面的姿勢，腰部向著右邊旋扭，左足尖轉動，腳跟向外展，使得足尖向著西方偏南，腳跟落地，身體的重心移動到左足上；右足隨著旋轉身體的姿勢向著西方微偏北邁進一步。

在邁右步的同時，兩手掌由胸前向兩旁畫弧分開，撐勁形成立掌，手掌心旋轉向外，左手掌位置在東南方向，右手掌位置在西北方向，手掌高度大約在肩部以上，肩部要垂，

圖339

肘部要沉，臂部要圓。這時身體面朝西南的方向，眼睛平視前方。（圖339）

【要領】

本架式的運轉和使用，務必連成一氣。要求旋轉身體或畫弧都要做得敏捷而靈活，兩腿立在地面上的虛實步子要分清楚。兩個手掌畫弧要圓而正，上畫過頭頂時是開勁，下畫過膝蓋時是合勁。在並足下蹲的時候，切忌臀部向外突出。雙手掌推撐的時候要有幅度，因為過分開大則勁散，過於窄狹則勁僵，在上下配合的時候要恰到好處。

本架式要求升降開合，體態清靈，骨勁內歛，升降若似波浪掀動，開合如同大魚鼓鰓。

第64式　風動浮萍

【拳譜】

> 風動浮萍掌握難，兩臂好比水上萍。
> 有順有逆時左右，遇風飄盪取命名。

動作1

承接著上面架式，兩足在原來的位置上不變，腰部先是由左向右略微擰旋，後是由右向左擰旋。兩個手臂與手掌順著旋轉的姿勢，都彎曲成圓形回到胸前，右手掌形成俯掌在上，左手掌形成仰掌在下，如同捧球的形狀。

隨著腰部擰扭的姿勢，兩個手掌相互攏搓，如同搓圓球的形狀，右手掌向外旋（順勢），左手掌向內旋（逆勢），右手掌旋轉到左手掌上面後出來。腰部又由左邊擰扭到右邊，這時右手臂舒伸向著右側面，左手掌仍舊在原

圖340

圖341

來的位置上，兩個手掌都轉成側掌，手掌心向外邊偏下方，手指頭都指向右邊。

腰部又向著左邊擰，兩手掌順著姿勢由右邊擺到左邊，這時身體的重心仍舊放在左足上。身體面朝西方偏南，眼睛隨著手掌移動。（圖340～圖341）

動作2

緊接著前面的姿勢，身體的重心移到右足上，腰部向右邊擰；左足輕輕地提起來，移到右足內側。身體又向左邊擰扭，左足立即向西南方向邁出一步。腰部又從左向右擰扭，兩臂與手掌順著擰扭的姿勢，都彎曲成圓形回到胸前，左手成為俯掌在上，右手成為仰掌在下，形狀如同捧球的姿勢，並且順著姿勢互相攏搓，左手向外旋（順勢），右手向內旋（逆勢）。左手掌旋出右手掌後，左手

圖342　　　　　　　　　　　圖343

臂順著姿勢舒伸到左側面，右手掌仍在原來的位置上，兩
手掌都轉為側掌，手掌心向著外邊偏下方，手指頭都指向
左方。腰部又由左邊擺向右邊。

　　本節的動作與前節相同，唯有左右方向相反。這時身
體面向西方偏北，眼睛隨著手掌移動。（圖342～圖343）

動作3

　　緊接著前面的姿勢，身體的重心移到左足上，腰部向
右邊擰；右足輕輕地提起來，移到左足內側，立即向著西
北方向邁進一步。腰部又從右向左擰扭，兩手臂與兩手掌
順著旋轉的姿勢，都彎曲成圓形回到胸前，右手俯掌在
上，左手仰掌在下，順著旋轉的姿勢相互攏搓，如同搓圓
球的形狀，右手掌向外旋（順勢），左手掌向內旋（逆
勢）。當右手掌旋出左手掌後，右足略微向右邊撇，身體

圖344

圖345

　　的重心立即移到右足上，腰部也略微向右邊扭。

　　右手臂向上提起，形成俯掌，手指頭與右肱成為一水平線，一直指向西方，肩部要垂，肘部要沉，手掌的高度大約與眉平齊。同時，左足提起，沿著右足的內側，向正西方向邁出一步，左手掌由胸前形成仰掌，隨著上步的姿勢向西方刺出。左肘與左膝相互對應，兩手掌上覆與下仰相對應。這時身體面向西北方向，眼睛看著正西方的前面。（圖344～圖345）

　　【拳譜】

　　　　掌似搓球臂若盤，腰如螺旋腿似鑽。

　　　　避免局部勁整體，晃頭擺臀主宰腰。

　　【要領】

　　　　本架式的動作較難掌握。既要求圓潤敏捷，又要做到輕靈活潑。在姿勢上有順有逆，在動作上有時向左有時向

右。運動是以腰部腿部為主體的，不許晃頭擺臀，儘量避免局部動作，要求做到整體一致勁。在形狀姿勢上說，腰部如螺旋，腿部似鑽，手掌猶如搓球，手臂若同圓盤。從勁路的組成上說，是以螺旋及鼓盪為主的，兩手臂形狀好比是水上浮萍，遇風飄盪，所以得名。

第65式　氣升崙崑

【拳譜】

氣升崙崑一鼓氣，意態清靈出自然。

形狀猶似蠻起伏，騰步如同風捲席。

動作1

承接著上式，腰部向右旋到北方，兩個手掌順著姿勢旋轉，手掌心朝外，由身體的左側向右側畫弧，就是由西邊經過面前向東邊畫弧，十個指頭指向右邊。腰部向左旋，左足輕輕地提起來，足尖極力向外撇，並且向著西方橫墊半步，落步的時候，足尖向著南方微偏西，身體的重心立即移到左足上；腰部繼續向左轉，右足隨著提起來，向西方跨出一步。

與這同時，兩個手掌由東方畫弧落下，經過膝部的前面時，手掌背部向外，再向著西邊上方托出，手掌心轉向外邊。左手臂彎曲成圓形，向上方提起形成橫掌，位置在左額的前面；右手臂則向著西方舒伸，手指頭指向西方，肩部要平，肘部要垂，右肘與右膝上下相互對應。這時身體面朝南

圖346

圖347

方偏西，眼睛看著右手掌的前方。（圖346～圖347）

動作2

緊接著前面的姿勢，不能使其間斷，腰部向左旋，兩手掌順著姿勢畫弧經過面前，手掌心仍舊向外，十個指頭指向東方，再到左側。腰部向右邊旋轉，右足輕輕地提起來，足尖向外撇，向著西方橫墊半步，落步的時候，足尖向著北方略偏西。身體的重心立即移到右足上，腰部繼續向右轉動，左足隨著提起來，向西方跨出一步。

與這同時，兩手掌由左側落下，畫弧經過膝前，手背向外再向著西邊上方托出，手掌心向外。右手臂彎曲成圓形，向上提起來，形成橫掌，位置在右額的前面；左手臂向著西方舒伸，手指頭指向西方，肩部要平，肘部要垂，左肘與左膝上下相對應。這時身體面向北方偏西，眼睛看

圖348

著左手掌的前方。（圖348）

動作3

緊接著上面的姿勢，不可停頓，腰部向右旋轉，兩個手掌順著姿勢畫弧，經過面前到右側，手掌心仍舊向外，十個指頭向著東方。腰部向左邊旋轉，左足輕輕地提起來，足尖向外撇，並且向著西方橫墊半步，落步的時候足尖向著南方偏西，身體的重心立即移到左足上；腰部繼續向左轉動，右足隨著提起來，向西方跨出一步。

與這同時，兩手掌由東面落下，畫弧經過膝前，手背向外，再向著上方托出，手掌心轉向外邊。左手臂彎曲成圓形，向上提起，形成橫掌，在左額的前面；右手臂向著西方舒伸，手指頭指向西方，肩部要平，肘部要垂，右肘與右膝上下相對應。這時身體面朝南方略偏西，眼睛看著右手掌的前方。（圖349～圖350）

動作4

緊接著前面的姿勢，右足向內扣，使得足尖向著南方微偏東。身體的重心移到右足上，腰部向左扭，兩手掌順著姿勢畫弧，經過面前到左側東方，手掌心仍舊向外。繼續向下畫弧經過膝蓋的前面，手背轉向外邊。再向著右側

圖349

圖350

的時候，右手臂舒伸，手掌的高度與肩部平齊，形成立掌，肘部要沉，手掌心向外；同時左手臂向上提起，手掌的位置在胸前，手掌心向裏。這時左足乘著姿勢略微回轉過來，立即向著東方邁出一步。

在出步的同時，腰部向著左邊扭，左手掌隨著姿勢由右邊胸前向左畫弧，緩慢地轉動手掌心，向著東方外邊推出，

圖351

形成立掌，肘部要沉，高度與左肩部平齊，兩手臂與兩腿形狀如一個「大」字。這時身體面朝東南方向，眼睛看著正東方向。（圖351～圖353）

圖352   圖353

【拳譜】

　　雙掌圓旋車輪轉，劃掌若似貫天虹。

　　旋轉好似鷂翻身，上下相隨形滾球。

【要領】

　　本架式的動作應該一鼓作氣地演完。在演習的過程中意志須清靈自然，連綿不斷，鬆淨俐落。架式中升降起伏、縱橫順逆俱備。

　　就從姿勢來說，劃掌若同長虹貫串天空，騰步如似飆風捲席，形狀猶像山巒起伏，旋轉好似鷂子翻身。身胯升沉，雙掌隨著圓旋，手掌經過面部的時候，身軀升起來，手掌經過膝蓋前面的時候，身軀沉蹲等姿勢，如同車輪旋轉。中間不能夠呈現出停頓的狀態，上下相隨，形狀如同滾球。

　　本架式最後身體是朝著南方，右足落地的時候應該在原來的起點位置。如果預計不能準確到達的時候，可用跨步的

大小來調劑，力求落在原來的位置上。

第66式　存氣開關

【拳譜】

存氣開關最重要，排除雜念氣息調。

意集凝神默長空，引氣歸元自然好。

動作1

承接著上面架式，左足踵旋轉向外撇，身體的重心移到左足上；同時腰部向左扭轉向著東方，右足順著姿勢向東跨步。同時左手掌曲臂在胸前，手掌心向上；右手掌順著姿勢由後面向上畫弧，經過右肩外邊，舒伸手臂向著前方按擊出去，形成俯掌，五個指頭指向前方，高度大約與胸部平齊，右肘部的位置在左手掌心的上方。

這時腰部略微向右擰，右手掌順著姿勢曲臂收回到胸前，形成俯掌；同時左手掌轉成俯掌順著右肱上面向著前方舒伸。這時身體面朝東方略偏南，並且呈現向前方引長的姿勢，眼睛平視正東方向。（圖354～圖355）

動作2

緊接著上面的姿勢，身體的重心仍舊在左足上，腰部向右旋轉；右足隨著後退，落步的時候位置在原來起點的地方，足尖向著正南方，身體重心移到右足上；同時左足

圖354　　　　　　　　　　圖355

踵旋轉向內扣，形成左虛右實。

　　在旋身退步的同時，左手掌心翻轉向上，左肱向右移到與右肱交叉，形成平面「X」形狀。腰部繼續旋轉到正南方的時候，兩個手臂緩慢地向上提起，形成豎直「X」形狀，手指頭高度大約與鼻尖平齊。右手掌在外，手掌心向外；左手掌在裏，手掌心向裏。

　　然後將兩手掌向左右分開，畫弧向下，右腿略微下蹲，兩手掌向著膝部的前面合攏，同時左足輕輕地提起來，移到與右足平行並且踏實，兩足的距離與肩部寬度相同。兩腿漸漸地向上升起，兩膝仍舊保持微微彎曲，兩手掌隨著上升，提到小腹前面，十指相對，兩手中間距離大約七八寸。小指接近衣服，食指不超過足尖，兩手臂鬆圓，姿勢如同攜物形狀。這時身體面朝正南方向，眼睛平視前方。（圖356～圖357）

圖356

圖357

【要領】

本架式是全套最末一式，也是行拳全部過程中最重要的一式，是動極而靜的一個架式。在身體外形上，要求頭頂如繩懸，將百會穴與會陰穴、大頸椎與尾閭、天庭與地閣等垂直相對應，不可偏倚，全身骨架位置都要正，使得節節貫串。肩部要平，胯部要鬆，襠部要圓，臀部要裹，胸部要寬，脊部要開，腰椎要飽滿，臍輪要放鬆，小腹要常圓，眼神要遠望。

在身體內部的精神意識上，要求集意凝神，默對長空，儘量排除雜念，調息自然，引氣歸元，不可有絲毫勉強。八法中所謂：「動定靜通。」《易經》上說：「寂然不動，感而遂通。」意思就是說在寂靜的條件下長久的這樣下去，自然會感覺到氣血暢通渾身舒適。

這架式就是華岳心意六合八法中最基礎的功法。這樣

保持站立姿勢，一般為幾分鐘（如果不站也可以），即可以收功了。

收　勢

【拳譜】

　　身體昂然似蒼松，呼吸提沉聽自然。

　　意念走動兩掌隨，化象虛空我他無。

動作

接著前面的姿勢，兩腿漸漸地起來立好。兩手掌由小腹前面緩慢地向前上方舉起來，手掌心先向上，漸漸地曲肘轉向裏面，沿著胸前一直舉過頭頂，然後將手掌心轉向外邊，朝著前方舒伸向下按去，垂手的位置在兩胯的前面，最後將兩手向旁邊移到兩腿外側。

這時身體面朝正南方向，端正站立，恢復原來的站立姿勢，眼睛平視前方。（圖358～圖361）

【拳譜】

　　夜闌人靜好練功，三更操演不放鬆。

　　一招一式注重意，拳罷雞叫唱五更。

【要領】

本架式是收功式，當兩手掌向上舉起的時候，意念向著上面，不宜仰首，兩腳應站穩。兩手掌向下降落的時候，意念向著下面，不宜俯首。要求虛領頂勁，呼吸不要故意提沉，要聽其自然，兩手掌移到腿側面的時候，身體

圖358

圖359

圖360

圖361

要求昂然挺拔，如蒼松屹立。

　　意念要求無我無他，術語上說：「化象虛空。」這時稍微等候片刻時間，然後稍微進行活動，這樣整個套路動作就全部完成了。

【拳譜】

比武不必太衝忽，總在平時鍛鍊功。

你一拳來我一腳，火候到來一擊中。

壬戌年除夕河北張長信於上海寫成

張小元演練
華岳心意六合八法拳

張長信之子張小元，吳翼翬六合八法拳國際聯盟副主席、上海分
會長，上海意拳（大成拳）研究會會長

拳架的始末與勁勢

　　華岳心意六合八法拳著重於意、氣、力的配合一致，意神與姿勢上有著密切的關聯，所謂「神形相依，內外相合」就是這個意思。在拳術運動和使用中以意為主，神氣相輔，顯示於外形。這樣就能使得意、神、氣、力融合為一個有機的整體，這就是本拳術的重點要求。

　　本拳術在運動姿勢上，大部分採取弧線形、圓環形、螺旋形、波浪形、纏絲形等圓形線路，這樣做的目的，不僅是在外形上起著輕鬆圓活的作用，在身體內部還能增強循環。由於本拳術著重內外一體，外形圓有助於內部的清虛，內部的靜寂更能夠使得外形做到鬆圓。凡是內家拳的理論都是基於八卦圖說的道理，這就確定了「弧圈形」的要求。

　　舉例來說，形意拳中手與足的運用都是化直圈的，太極拳在身體腰中畫圈，八卦掌步法是圈子。那麼，為什麼總是離不開八卦圖中的圈子呢？這就說明其中奧妙都在圈子之中，凡是拳路架式中的手、眼、身、法、步，俱備弧圈形，內功以意領氣循經沿脈之轉圈（這裏所指的「經」與「脈」，就是充實帶脈的三回九轉，呼吸任督的周天數字圈等）。

運動演習的時候對身體形態的要求，主要是手、眼、身、法、步，是在外形動作上與方法上的有機結合。李東風曾經指出：「得法可應變，有術方為奇。法術二而一，缺一不能立。」這就說明肢體的活動和行拳上的法則要統一起來，才能夠收到得中、得勢、得力的應有效果。

•肩部以下到手指梢的上肢部分要求做到：垂肩，虛腋，正臂（上臂），沉肘，捲肱（下臂），轉腕，活指（蛹動、雁列、展縫等）。

由於本拳術中大多用掌法，掌型有虎爪掌、柳葉掌，因此特別對指、掌、腕、肱等部位要求鍛鍊得靈活，並將練掌十二字訣書列如下，以供參考，即：揉、掣、搓、推、提、搭、掩、洗、轉、撼、格、遷。少數用拳法，握拳的形式有正拳、仰拳、俯拳、鈎子拳等。

在拳術說明中涉及練法，上肢的部位對技擊作用是很重要的。在鍛鍊的時候，從外形上來看是緩慢的，但是在「施」擊的時候是鬆柔而沉著，快速而不斷勁的。正如李東風在五字歌中提到：「兩手輕輕起，曲伸無斷續，轉移有曲折，形似游龍戲。」

•頭、頸、胸、背、脊椎、腰椎、尾骨底、尾椎等軀幹部分的要求。

首先從頭面部分講起，頭頂要求好像有一線繩，懸提住虛頂起來，從大頸椎經過天柱、風府、玉枕，往上鬆鬆地挺起來。面部額頭當中的天庭，一直到眉心中的印堂，鼻下唇上的人中，用舌抵上齶接通的地閣，相互對直，這樣才能使精神煥發，形狀挺拔。

其次是眼睛，技擊家將意識（腦子）比作將帥，眼睛（目神）比作先鋒，這就說明對眼睛的作用極為重視，以鷹、熊、虎、豹的眼睛來形容威嚴神氣和快速，五字歌中也提到「目光如電流，精神顧四隅」這種精神狀態，給人以威懾力量，所以在行拳過程中一定要有敵情觀念，也就是意識到、眼神到、氣到、力到的整體表現。

再次是肩胛部分，要求肩部展開鬆垂，目的是使得胸部寬敞，呼吸通順，從而使氣機下沉，才能做到上虛下實。

再次是脊椎與腰，人體的脊椎從大頸椎以下算起，到尾椎止共計21節，其中脊椎12節，腰椎5節，尾椎4節。要求像一串念珠似的一直掛到底，在感覺上似乎一節一節、若接若離地排列貫穿。

值得注意的是，在腰椎上的命門穴，不要使腰椎向裏凹進，術語謂「斷腰」，反而要使它微微鼓起來，術語謂「塌腰」。這樣做可以使得旋動靈活，因為腰是人身體轉動的軸，在習拳時，要求腰如蛇蠕，帶動全身，所以說腰是處於領導地位的。

吳翼翬先生將腰部在整體動作中的關鍵作用比作「常山蛇陣」，擊首則尾應，擊尾則首應，擊其身則首尾相應，真所謂「一動連百骸」。督脈的起點為長強穴，上行為尾閭，習拳很重視這一骨骼，它與大頸椎成一直線，在行拳過程中始終對準小腰正中線，它好比船的舵，不是左右搖擺，而是隨勢轉動。術語說「尾閭正中」，不僅在形勢上不致左傾右斜、前俯後仰，而且能防止臀部外突，托

起丹田。

● 髖骨以下至腳趾的下肢部分。習拳對下肢要求極為嚴格，在步型上主要採用三角岔步，從物理力學角度講，這種姿勢比較穩固，而且前進後退比較輕靈敏捷。

拳諺說「足打七分手打三」，這說明樁步是行拳的基礎，而樁步的主要構成形式是鬆（開）胯、裏臀、圓襠、曲膝、實踵、扒趾、腳心含虛。胯部要求鬆開，像魚鼓腮似的向兩側展開，髖骨要向內含；始終保持兩髖水平，所謂「上看兩肩，下看兩髖」，除了個別姿勢外，不能一高一低；兩膝要有曲度，李東風講過「兩腿似弓彎」，有了曲度，有助於樁步穩固；裏臀、圓襠（不是提肛）免致吃力於上；實踵、扒趾、腳心含虛是紮根牢靠。

● 所謂「法」，就是法則，是從實踐經驗中累積起來的，經過不斷的實踐，掌握了靈活的技巧和力點鬆緊的方法，在技擊上加以靈活應用。八法本身就是方法，十二勢的動作也是方法。另外，據舊文札記載及吳翼翬先生口述，有二十個字謂之「八法運義」。今錄之如下，並根據吳先生口述加以淺注。

①走：轉退轉進　　②避：閃展吸引
③開：張也、蓋也　④合：弛也、發也
⑤順：乘勢自然　　⑥翻：扭擰、旋翻
⑦騰：升降、縱橫　⑧定：守中觀變
⑨匕：消卸不頂　　⑩粘：貼附不丟
⑪搬：移挪、迂迴　⑫扣：托勾搭掛
⑬劈：斬披穿刺　　⑭摟：牽拉、抱捋

⑮撑：分撑撥揮　　　⑯截：按也、攔也

⑰拿：擒拿捉捏　　　⑱擁：掀也、沖也

⑲推：撲撼擦掠　　　⑳纏：纏繞滾裹

運動與人體內外的關係。習拳在人體上總是離不開肌肉、骨骼、關節、韌帶等的活動。技擊家把全身分為五總和九節。所謂五總即人體一個軀幹（包括頭部）、兩個上肢和兩個下肢。這五個部分又各分為三節，即頭為梢節，胸為中節，腰為根節；手為梢節，肘為中節，肩為根節；足為梢節，膝為中節，胯為根節。

運動時要互相配合，不宜分割，而在習拳中往往與經脈俞穴聯繫著，如「虛領頂勁」指的是頭頂「百會穴」，「氣沉丹田」指的是臍中、氣海或關元穴（各家有爭議，未能取得統一）。其中也提到經脈，如「前任後督，氣行滾滾，開池雙穴，氣勁循循」，要求「百會」與「會陰」成一條直線，「天庭」與「地閣」對直等，這是道理很深、值得研究的一門學科。

華岳心意六合八法拳是內外兼練的一種健身防身的運動，用意識來指揮外體的動作。講一些身體結構和經穴，有助於勁勢的著意，根據形意拳理論，「上節不明無依無宗，中節不明渾身是空，下節不明自家盤跌」，要從前人經驗之談中吸取一些有意義的東西。

在本拳術架式中的勁路有：螺旋、捲滾、鼓盪、揮鞭、鉤沉、點水、寸勁、纏絲、二爭、四隅、槓竿、抖彈、吸引，以及許多類似其他拳種所具有的勁路。至於什

麼叫螺旋勁、什麼叫點水勁及怎樣運用？這不是三言兩語用筆墨可以描寫的，必須在實踐過程中逐漸體會出來。總之，六合八法拳是別具風格的一種技擊學，不是集成各種拳法的混合體。

吳翼翬老師對六合八法拳具有高深的評價，認為本術是「脫盡窠臼，不相遮拾，獨闢畦徑」的一種拳術。學習者如果精研不懈，終可領悟出其中很多精緻的道理來。學術是沒有止境的，作者還在繼續學習中，拳有勁勢，循勁乘勢，變法不一，各種拳種各有其特點。

華岳心意六合八法拳的勁勢，既有比較單純的勁勢，又有組合的勁勢，還在形式上容易忽略的隱而不顯的勁

張長信與師弟及友人合影，前排右一姚宗勳（張長信之師弟）、右二張長信、右三陳亦人（張長信之師弟），20世紀70年代拍攝於北京中山公園

勢，以及採取「用意不用力」，把有勁勢的架式演成很自然、不故意造作的勁勢，即所謂「泯沒定象，不露棱痕」的意思。按照「用意不用力」的原意，並不是一點不用力，其目的在於防止使用局部的拙力。

在運動中要求意定神凝，鬆緊適宜。意定神凝可以使得氣長勁遠，無勁斷之虞。只鬆不緊要犯散亂、倒癱之病，只緊不鬆會致氣浮不沉之弊。用意識來支配和控制勁力的運行，是為了避免產生習慣性的，或者是由各種條件反射引起的僵力，並且養成協調性的整體勁。

在拳術中勁勢變化甚多，有攔、有擊、有蓄、有發、有虛、有實、有緩、有急、有循環螺旋、有推掠攏搓，要求達到伸縮無常，開合無跡，鬆緊有規，剛柔有律，其勁渾而潤，如翔魚戲水，其勢韌而矯，似鶴舞長空。動若江海川流，滔滔不絕；靜猶山岳屹立，巍然不動，勢勢相關，節節相應。

要做到上述那樣勁勢，當然不是一朝一夕的工夫了。雖然我們不很容易達到如此境界，但是可作為練習目標。

附

録

心意六合八法拳釋義

吳翼翬　遺著

陳　靖　整理

　　先以氣上升，後以氣下降，使上下氣相接，即二氣合一也，為術中氣息之起源。所謂陽仰陰覆，一陰一陽，一仰一覆，合養生之說。氣屬陽，血屬陰，陰陽相調理，水火相配濟，順天地陰陽四時，為天地之大經，人身之大本。明於陰陽，即知水火，水火，氣也，陰陽，理也，太極生二儀之妙，流行天地，生生不息，皆氣之流行也，謂混元一氣。

　　夫拳術以意行氣，動諸關節，舒筋活絡，活血脈，展骨骼，體乎陰陽之理，合乎運行之數。合戶謂之火，闢戶謂之水，一合一闢之變。故拳術之開合伸縮、易象變形、起伏縱橫，皆以陰陽動靜，致乎中和之氣、動靜之說。術中動作、姿勢轉換相接，泯沒棱痕，歸餘於終，事則不悖。如珠之走盤，曲伸吸避，清靈活潑。始煉氣以固體，繼集神以為用，拳貴柔綿，而忌硬滯，海水不波，山藏珍寶，幻化無窮。以圓潤含虛，綿中裹剛，收放激流如電。舒伸有節，出入有法，動靜之間，有轉換虛實，一合一闢，即生變化，化形縱橫，勢勢相當，節節相應。

　　一分為二，合二為一，左右相應，仰覆相對，以靜觀

變，神清魄定，氣沉體固，固守虛無，動以測靜，虛以引真，為先發制人之法。行拳之動靜虛實，知機應變，豈可妄動輕施，習拳宜當審慎。

　意氣內斂，前伸後縮，為術中轉變之門戶。養生家云：睡不厭縮，覺不厭伸。故拳術中基於伸縮開合，為鍛鍊身手，合乎養生之術。拳法之為用，須知伸縮無常，開合無跡，微妙莫測，遇敵制勝，變化無窮。諸勢之中，有攔有提，有蓄有發，有虛有實，有緩有急，有鬆有緊，有化柔剛用，有化剛柔為。鬆緊有規，剛柔有律。其勁渾而潤，如翔魚戲水；其勢韌而矯，似鶴舞長空。動若江海川流，滔滔不絕；靜猶山岳屹立，巍然不動。審得其機，勢不空發。靜默守虛，以意行氣，化形轉換，依據於神，集

吳翼翬演練「童兒送書」

神養心，心意俱合，元氣自生。調息養氣，以運行姿勢為築基之本，精神自然煥發，體魄自然堅固。

腹實心虛，氣沉神聚，為術中乾天行健之勢。拳貴勢皆有來歷，動作中大小曲折，都有原委，然又不得露出形象，使敵窺其虛實。所謂窈窈溟溟，抱神以靜。術中要義，穩固椿步，呼吸定息，行之以意，存氣固神，氣固神凝而後勢定，勢定而後運行，運行而後神意清靈，神意清靈而後奇正生，奇正生而後變化不竭者，其動之時，其靜也是，乃能致勝於無形。

六合八法傳承表

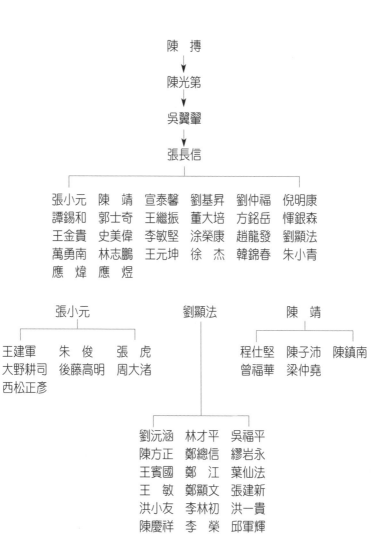

陳　搏
↓
陳光第
↓
吳翼翬
↓
張長信

張小元	陳　靖	宣泰馨	劉基昇	劉仲福	倪明康
譚錫和	郭士奇	王繼振	董大培	方銘岳	惲銀森
王金貴	史美偉	李敏堅	涂榮康	趙龍發	劉顯法
萬勇南	林志鵬	王元坤	徐　杰	韓錦春	朱小青
應　煒	應　煜				

張小元　　　　　　　劉顯法　　　　　　　陳　靖

王建軍	朱　俊	張　虎
大野耕司	後藤高明	周大渚
西松正彥		

程仕堅　陳子沛　陳鎮南
曾福華　梁仲堯

劉沅涵	林才平	吳福平
陳方正	鄭總信	繆岩永
王賓國	鄭　江	葉仙法
王　敏	鄭顯文	張建新
洪小友	李林初	洪一貴
陳慶祥	李　榮	邱軍輝

彩色圖解太極武術

養生保健 古今養生保健法 強身健體增加身體免疫力

 醫療養生氣功

 中國氣功圖譜

 少林醫療氣功精粹

 龍形實用氣功

 魚戲增視強身氣功

 道家玄牝氣功

 仙家秘傳袪病功

 少林十大健身功

 中國自控氣功

 醫療防癌氣功

 醫療強身氣功

 醫療點穴氣功

 中國八卦如意功

 正宗馬禮堂養氣功

 道家筋經內丹功

 三元開慧功

 防癌治癌新氣功

 真定與佛家氣功修煉

 顛倒之術

 簡明氣功辭典

 八卦三合功

 朱砂掌健身養生功

 抗老功

 意氣按穴排濁自療法

 健身袪病小功法

 張氏太極混元功

 中國少林禪密功

 郭林新氣功

 太極八卦之意氣功

 現代原始氣功

 開脈太極

 混元功

 太極內功養生法

 無極養生氣功

 小周天健康法

 易筋經

 洗髓經

 精功易筋經

 武當熊門七心活氣功

 手挥健身法

 養生導引術

 養生長壽功

 太極拳內功養生心法

 意拳

 靜坐要訣

 啟動自癒力

 洗髓經健身術

 經穴術推打功

 養生太極棒尺內功

老拳譜新編

吳鑒泉氏的太極拳
太極拳全書
拳經
新太極拳書
新太極劍書
太極拳圖說 太極劍圖說
增演 易筋洗髓內功圖說

陳氏太極拳圖說
太極拳學圖解
太極拳術的鍛鍊與實際
太極正宗
太極薀真
張三丰內功練身秘訣
藥功真傳秘抄

偈科真傳秘抄
內功練身秘訣
煉氣行功秘訣
萇氏武技全書
太極拳譜詳義
教門彈腿圖說
六合彈腿圖說

顧汝章世傳太極宗師太極拳精義

武學釋典

顧留馨太極拳研究
太極蜜碼
太極拳今論
唐拳正航
汪永泉
太極拳的力學原理

《易經》通俗解
太極拳理傳真
太極拳
內家拳的探索
拳道述真
懂勁內家拳的瑰寶
走進王薌齋

太極拳
太極拳心法總綱
太極十三經心解
太極拳經典拳作精解
懂勁之往內家勁的懷

歡迎至本公司購買書籍

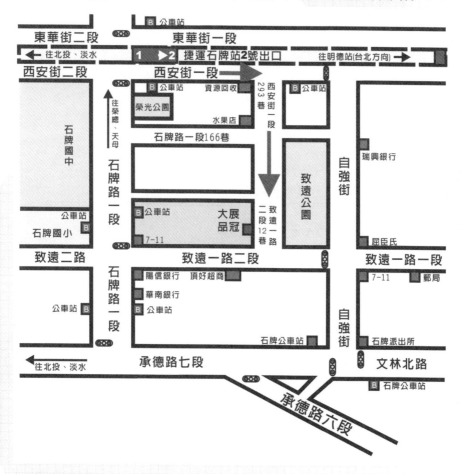

建議路線

1. 搭乘捷運‧公車

　　淡水線石牌站下車，由石牌捷運站２號出口出站(出站後靠右邊)，沿著捷運高架往台北方向走(往明德站方向)，其街名為西安街，約走100公尺(勿超過紅綠燈)，由西安街一段293巷進來(巷口有一公車站牌，站名為自強街口)，本公司位於致遠公園對面。搭公車者請於石牌站(石牌派出所)下車，走進自強街，遇致遠路口左轉，右手邊第一條巷子即為本社位置。

2. 自行開車或騎車

　　由承德路接石牌路，看到陽信銀行右轉，此條即為致遠一路二段，在遇到自強街(紅綠燈)前的巷子(致遠公園)左轉，即可看到本公司招牌。

國家圖書館出版品預行編目資料

華岳心意六合八法拳／張長信　著
——初版，——臺北市，大展，2020〔民108.02〕
面；21公分 ——（形意・大成拳系列；11）
ISBN 978-986-346-281-1（平裝）

1.拳術　2.中國
528.97　　　　　　　　　　　　　　　108021275

華岳心意六合八法拳

著　　者／張長信
責任編輯／苑博洋
發 行 人／蔡森明
出 版 者／大展出版社有限公司
社　　址／台北市北投區（石牌）致遠一路2段12巷1號
電　　話／（02）28236031・28236033・28233123
傳　　眞／（02）28272069
郵政劃撥／01669551
網　　址／www.dah-jaan.com.tw
E - mail／service@dah-jaan.com.tw
登 記 證／局版臺業字第2171號
承 印 者／傳興印刷有限公司
裝　　訂／佳昇興業有限公司
排 版 者／弘益電腦排版有限公司
授 權 者／北京科學技術出版社
初版1刷／2020年（民109）2月

定 價／350元

大展好書　好書大展
品嘗好書　冠群可期

大展好書　好書大展
品嘗好書　冠群可期